Jornada Interdimensional

Sara Marriott

Jornada Interdimensional

Tradução
MARIA KENNEY

EDITORA PENSAMENTO
São Paulo

Título do original:
Interdimensional Journey

Edição	Ano
1-2-3-4-5-6-7-8-9	94-95-96-97-98

EDITORA PENSAMENTO LTDA.
Rua Dr. Mário Vicente, 374 — 04270-000 — São Paulo, SP — Fone: 272-1399

Impresso em nossas oficinas gráficas.

Dedicado a Ray e Martreb que, com a visão de um nível superior, inspiraram este livro para a população jovem do nosso planeta Terra.

Dedicado a Ray e Marchetique, com a visão de um [illegible] [illegible], inspiraram este livro para a população jovem do nosso planeta Terra.

Sumário

Agradecimentos

Minha gratidão aos muitos que inspiraram, desafiaram e prepararam o caminho para que este livro fosse escrito. Isso demonstra que, no limiar deste grande experimento de vida na Terra, estamos todos inextricavelmente interligados.

Um agradecimento muito especial pela ajuda amorosa e voluntária prestada por MARIA KENNEY pelas muitas horas de digitação deste livro, bem como por seu questionamento e sugestões do ponto de vista do leitor. Senti nossas almas trabalhando juntas numa deliciosa parceria.

Sou muito grata também ao amoroso apoio recebido do grupo no centro onde vivo. As qualidades e energias superiores de sua experiência de vida têm sido para mim uma perene inspiração.

Mais especialmente, sou agradecida ao Grupo de Almas no Reino da Luz Azul que tem me incluído em alguns de seus trabalhos de salvamento em Shadowland. Essas almas me permitiram entender o grande desafio da vida nos diferentes níveis de consciência. Elas me inspiraram a registrar esta experiência ao mesmo tempo reveladora e perigosa para a gente jovem do nosso mundo de hoje, em que a ECOLOGIA é a nota tônica; um trabalho de restauração consciente e amoroso que se reflete em nosso planeta, em nossas vidas e em Shadowland.

Introdução

O desafio que afeta nossas vidas

Todo um novo mundo de magia, desafio e responsabilidade invadiu minha vida quando descobri a intrigante interligação entre a terceira dimensão e dimensão três e meia, que se tornou conhecida por mim como "Shadowland". Descobri uma inextricável interação de energias: visível e invisível, encarnada e desencarnada. Essas energias são interdimensionais e interdependentes e abrangem nosso ser consciente, subconsciente e supraconsciente. Assustada a princípio, mas confiante, gradativamente aprendi a aceitar que todas essas poderosas energias e níveis de consciência são partes do nosso mundo único, e que elas estão afetando nossas vidas o tempo todo.

Do recesso de minha memória e a partir de muitas fontes eu partilho o que é real para mim. Diariamente, em dois períodos regulares, eu escuto em silêncio, tentando ficar o mais receptiva e criativamente atenta possível e aberta às leis espirituais e universais que governam nossas vidas. Durante ou imediatamente após esse período, minha mão registra o que consigo captar dessa experiência.

Nesses momentos compreendo que cada pensamento individual toma uma forma real, embora invisível. Ele circula e pode ser captado em nível subconsciente, interligando-se com todos que estejam na sua vibração. Vivemos num mundo onde existem trilhões e trilhões de formas-pensamento — boas, indiferentes ou devastadoras — permanentemente nos afetando. Para viver em segurança precisamos visualizar, criar e atrair pensamentos construtivos. Isso pode ser feito mantendo o nosso processo magnético de pensamento interno conscientemente desimpedido e num nível elevado, protegido com luz interior e amor prestativo. Do contrário, desperdiçamos uma quantidade preciosa de energia e também nos expomos a formas-pensamento destrutivas que podem nos afetar profundamente ou até mesmo controlar nossa vida.

Neste exato momento, um despertar ecológico está tomando conta da Terra, quando constatamos uma rápida desintegração e renovação das energias deste século. Isso está nos forçando a procurar meios de interromper e controlar a destruição que sufoca este GRANDE SER, o nosso lar terreno. Em geral nos esquecemos do quanto dependemos desse Ser, pelo ar que respiramos, pelos alimentos e água vivificante que ingerimos e pela energia solar que torna a vida possível. Uma atmosfera equilibrada é necessária para filtrar e regular essa energia que nos chega aqui na Terra.

Por muitos milhares de anos a consciência humana oscilou excessivamente para a extrema direita, com a energia feminina controlando o planeta. Então alguma mudança repentina a fez oscilar para a esquerda e, por outros milhares de anos, a energia masculina sufocou e explorou as energias femininas das mulheres, bem como o lado feminino da sua própria natureza. Como a Terra era considerada também feminina, os seus imensos recursos naturais foram explorados drasticamente. Agora, numa esmagadora luta para encontrar um centro de equilíbrio, muitas energias, tanto do mundo visível como do invisível, estão tentando harmonizar nossas vidas.

No meio dessa explosiva mudança temos o nascimento de uma liberdade nova e transitória. Essa liberdade chegou até nós rápido demais, encontrando milhões de pessoas completamente despreparadas para uma mudança tão grande. Fomos surpreendidos por uma enxurrada de mudanças de padrões de vida e explosões de população, tecnologia e consumismo. O fracasso em nos mantermos firmes e nos ajustarmos a essa pressão tem causado apavorantes ondas de crime, o terror de guerras sem sentido e o aviltamento da divina dádiva da reprodução, pelo uso do sexo sem compromisso e sem amor verdadeiro. Uma extrema desigualdade de recursos tem feito de muitos milhões de pessoas meros peões de um jogo de xadrez econômico controlado por uns poucos. Todos esses desafios resultaram em fortes subcorrentezas de insegurança, medo, instabilidade, perda de valores e doenças. Estamos vendo um resultado aterrorizante dessa liberdade por falta de preparo, controle e responsabilidade. A menos que aprendamos agora a nadar nas águas perigosas desta nova liberdade, poderemos perder o caminho.

Apesar de ter sido uma boa nadadora, uma avalanche de mudanças de padrões me surpreendeu e minha voz interior mostrou-me que uma resistência se formava dentro de mim. Mesmo sabendo que ao vir à Terra eu havia assumido o compromisso de ajudar de todas as maneiras possíveis, tentei ignorar essa voz interior, até fugindo de alguns de meus períodos de quietude e meditação. Finalmente, um dia, sofri uma queda num acidente que me forçou a um período de recuperação e não pude mais escapar. As experiências registradas neste livro foram escritas nessa ocasião. Trabalho e serviço surpreendentes em diversos níveis de consciência me foram revelados. Numa vulnerável dimensão intermediária vi o resgate de jovens que, tendo deixado seus corpos materiais por meio de suicídio, estavam perdidos, amedrontados e pedindo socorro. Havia também advertências de que estratégias ignóbeis vêm sendo usadas para seduzir e escravizar milhões de pessoas jovens na Terra, por meio de forças negativas, dentre as quais o álcool, a pornografia e as drogas. Muitos vêm sendo profundamente afetados por padrões emergentes de corrupção e especulação financeira como um meio de vida. Tudo isso tem sido causa de frustração, falta de energia, depressão, tédio e, para alguns, suicídio.

Felizmente, todo esse processo está sendo contrabalançado pelo fato de muitas pessoas sábias reconhecerem a importância das magníficas forças interiores no enfrentamento do desafio deste momento. O poder construtivo do pensamento e do amor que transforma e cura vem do fundo de nosso coração para expressar-se em nossa vida. Existe uma necessidade premente de encontrarmos o propósito da vida e a orientação interior que nos dá a direção, de modo que possamos progredir e ajudar o próximo nesta hora crucial. Uma ajuda é especialmente necessária para aqueles que, por ignorância das leis da vida, estão causando destruição e sofrimento. Todos nós temos pontos cegos que viemos elucidar na Terra. Dentro de nossos níveis de consciência, isso transparece nas reações e relacionamentos com as outras pessoas e na cooperação com a força vital da natureza. Está bem claro que, a menos que mantenhamos um forte e inequívoco compromisso com as energias evolutivas e com valores nobres e construtivos, poderemos nos tornar uma das espécies em extinção neste planeta.

Aquele repentino acidente desafiou-me a dedicar muitas horas à quietude. Reagi positivamente, escutando a voz interior que estava tentando me preparar para uma tarefa que eu ainda não conseguia entender. Conduzindo-me habilmente a uma disposição cooperativa, essa voz interior me disse: "No meio de tudo o que está acontecendo, milhões de pessoas estão despertando e procurando por seu verdadeiro propósito na vida. Isso traz segurança interna e felicidade, com alegria e amor se manifestando em tudo o que realizam. Elas escutam em quietude e seguem lampejos de orientação interna. Muitas estão descobrindo, dentro de suas consciências, a sabedoria, a luz da intuição, o poder da aceitação, o amor e a alegria. Com a proteção desses recursos internos, nenhum pensamento destrutivo pode penetrar a radiância da luz interior ou diminuir o calor do amor que transforma."

Fui constantemente lembrada de que temos um magneto interno que atrai para nós o que quer que estejamos emitindo com nossos pensamentos e sentimentos. Numa de minhas primeiras lições nesse período, foi-me demonstrado que a qualidade com que passamos de um dia ativo para o sono renovador da quarta dimensão afeta o dia seguinte e todos os dias futuros. Da mesma forma, a qualidade com que passamos desta vida para um período mais prolongado de descanso na quarta dimensão, conhecido por nós como morte, se reflete no nosso progresso nas existências seguintes. Antes de acordarmos no palco da vida por meio do nascimento, nós escolhemos as melhores circunstâncias possíveis nas quais encarnar. Isso está relacionado com o progresso realizado nos ciclos anteriores. Aí então nós começamos a desvendar o compromisso que assumimos antes de vir para a Terra e a encontrar meios de colocar isso em ação através de serviço amoroso e de relacionamentos mais claros.

Nossa vida e individualidade prosseguem eternamente, mas em cada período de vida vestimos um novo e sempre mutável traje de personalidade e corpo físico diferentes. Cabe a nós decidir como cuidaremos desse traje corpóreo e o progresso que faremos física, emocional, mental e espiritualmente. Se reconhecermos e aceitarmos o GRANDE ESPÍRITO DE VIDA QUE SOMOS, e que continuamente está se expressando através do nosso corpo material, poderemos criar uma vida inspiradora e magnífica. UMA GRANDE AVENTURA!

Capítulo 1

Entrando na dimensão três e meia

Num recanto distante da vasta propriedade ele fitava seu corpo caído, num misto de descrença e horror. Atordoado, permaneceu imóvel por um tempo que lhe pareceu muito longo. Um estranho sonho, um pesadelo, ele pensava ao tentar acordar. Tinha-lhe parecido tão simples escapar de uma vida que não podia mais suportar — um único tiro. Mas, em sua angústia, estava longe de se ver livre. Achava-se dolorosamente consciente, com uma intensa sensação de queimadura no frágil corpo etérico. Permaneceu amedrontado e confuso por algum tempo, recuperando e perdendo a consciência, tentando compreender onde estava, o que deveria fazer. Finalmente virou-se e começou a caminhar em direção à casa onde vivera com os pais por dezessete anos. Vagando num estado de torpor, viu-se contemplando sua mãe que dormia profundamente. Deu-se conta de que ela sempre tentara ajudá-lo. Precisava dela agora, mas tinha medo de acordar o pai, cujas expectativas e exigências descabidas haviam lhe causado uma pressão contínua. Há algum tempo ele vinha experimentando uma compulsão cada vez maior de fugir.

O ponto de ruptura deu-se na noite anterior, quando o orgulho e julgamento incriminatório de seu pai tinham sido a gota d'água para ele. Independentemente do quanto havia se esforçado, ele não fora capaz de garantir uma posição nem mesmo no time da reserva de futebol da escola onde seu pai fora um grande jogador. A prática de esporte não lhe despertava nenhum entusiasmo e todo o seu ser rejeitava a vida falsa que lhe estava sendo imposta. Seus próprios interesses e seu amor pela natureza eram considerados sem valor aos olhos de seu pai. A sensação de fracasso tinha sido esmagadora.

Ele tentou encontrar alguma paz no jardim e finalmente, quando o pai partiu para o escritório naquela manhã, entrou em casa. Para sua surpresa, descobriu que não podia abrir a porta e, no momento seguinte, viu-se atravessando-a e se aproximando de sua mãe na acolhedora sala onde tomava o café da manhã. Tentou falar, mas não saiu nenhuma voz de sua garganta. Tentou tocá-la e, chocado, começou a entender que não havia meio de se comunicar.

Ele estava começando a encontrar consolo em sua presença, quando o jardineiro entrou esbaforido com a notícia estarrecedora: "Senhora, o corpo de Hubert foi encontrado perto do pavilhão. Havia ali também um revólver. Parece que ele cometeu suicídio!"

Uma onda de choque dominou a ambos. Hubert, afinal entendendo a perda de seu corpo físico, virou-se de costas, não suportando ver o abalo de sua mãe. Conforme vagava a esmo, ele sentiu uma força irresistível atraindo-o para longe de tudo o que lhe era familiar. Tentando manter o controle pensou em Lillis, a garota que ele amava. Tão logo focalizou a atenção nela, encontrou-se imediatamente a seu lado e, embora não conseguisse se comunicar, para sua surpresa sentiu que ela parecia perceber sua presença. Lillis pegou o telefone e discou para a casa dele, pedindo para chamá-lo. Sua mãe, ainda em estado de choque, sem conseguir achar as próprias palavras, apenas repetiu as palavras do jardineiro. Enquanto sua mãe estava entorpecida com a perda, Lillis sentiu um grande amor e desejo de envolvê-lo com luz, e seu amor por ele deu a ambos uma temporária sensação de paz.

Após algum tempo ele dirigiu sua atenção para bem dentro de si mesmo, como costumava fazer quando as pressões da vida eram insuportáveis. De modo instintivo, pediu ajuda em oração, o que automaticamente abriu caminho para sua alma e seu Anjo da Guarda começarem a guiá-lo e a esclarecer sua posição, atraindo para ele energias superiores e acionando um plano de ajuda.

Logo Hubert percebeu uma presença reconfortante e sentiu sua atenção atraída por um Ser angélico de suave luz radiante que surgiu junto dele. Intuitivamente soube que esse deveria ser o seu Anjo da Guarda vindo em seu auxílio. Com uma sensação de imenso alívio, percebeu que estava conseguindo se libertar das pesadas vibrações contra as quais estivera lutando para manter o domínio de sua atenção.

Agradecido, seguiu a luz desse Ser Radiante até alcançarem um local perto do mar que sempre lhe servira de refúgio quando sua vida se tornava frustrante demais. Então acolheu com facilidade o Ser angélico, cujo amor por ele era como o calor da luz do sol.

Gradualmente, percebeu com maior clareza o que se passava e tentou entender onde estava e o que deveria fazer. As perguntas em sua mente abriam um meio de comunicação.

Descobriu que aqueles que tiravam a própria vida ficavam presos numa área a meio caminho entre o corpo físico da terceira dimensão e a maravilhosa quarta dimensão, com o corpo mais sutil. Nesse oceano intermediário de energias, eles teriam de ficar até a hora de sua morte normal.

"O que acontece com aqueles que morrem normalmente?", perguntou ao Anjo. "São soerguidos para um nível mais elevado de consciência e preparados para a etapa seguinte de suas vidas através da renovação de energias", o Anjo explicou. "Existe um período de retrospecção da última encarnação que ocorre com a morte natural. Em seguida, há uma aceitação de tudo o que se passou e tem andamento uma experiência fascinante, sem apegos e protegida que se revela a todos os que estão cientes da paz, amor e iluminação do seu ser verdadeiro. A experiência de morte natural é na realidade o nascimento para um novo estado; há uma liberação do corpo terreno, da mesma forma que do útero da mãe nasce uma criança num mundo totalmente novo e expandido. Uma experiência traumática, certamente, mas uma experiência muito normal. Uma criança nascida prematuramente precisa de tempo para equiparar-se com o crescimento normal de vida, e o mesmo acontece com vocês aqui."

Sentindo-se vulnerável, ele perguntou ao Anjo de luz: "O que posso fazer para me proteger daqueles que eu sentir que estejam tentando me controlar?" A mensagem que veio do Anjo foi reconfortante e deu-lhe uma sensação de alívio, mas ao mesmo tempo apresentava um desafio:

"Dirija sua atenção bem para dentro de você, para a bela alma, o seu instrutor interno, cujas energias estão aqui com você, tão inquestionavelmente como quando você estava em seu corpo físico. E solicite a ajuda que está sempre à espera, aguardando apenas que você abra a mente e peça. Devido ao fato de usufruirmos o livre-arbítrio, essa ajuda não pode lhe ser imposta, mas ela é concedida quando pedida. Além disso, se você desejar ajudar outros nesta dimensão, uma proteção especial poderá lhe ser dada. Descobrirá que as coisas podem mudar com asas velozes nesta terra de sombras. Aqui você está livre das limitações do tempo da terceira dimensão, da mesma maneira como está livre das células materiais do seu corpo terreno."

Percebendo um acolhimento positivo a essa sugestão, o Anjo elevou a consciência de Hubert para um lugar de onde ele podia ver diversos adolescentes que estavam perambulando sem direção definida nesse estranho mar de vibrações sombrias. De repente, sabendo que eles estavam mais perdidos ainda do que ele próprio, sentiu um grande desejo de se esforçar por ajudá-los.

No momento em que ocorreu esse impulso para ajudar, o fulgor ao redor do Anjo se intensificou. A distância e no alto, Hubert viu dois pontos de luz que aumentavam de intensidade conforme se aproximavam. Dois seres se dirigiram diretamente a eles e um estável RAIO DE LUZ AZUL brilhou sobre ambos. Um deles disse: "Estávamos visitando esta área e sentimos a sua aflição. Gostaria que o ajudássemos?" Sentindo-se grato e privilegiado, ele declarou: "Oh! Sim! E quero poder ajudar os outros neste estranho lugar."

"Foi sua oração interior e esse seu desejo que chegaram até nós e nos atraíram para você." O outro continuou: "Se assim o quiser, poderemos envolvê-lo com uma cápsula de luz que o protegerá nessa área sombria para defendê-lo das forças negativas."

Hubert aceitou isso com entusiasmo e os dois seres, com o Anjo, formaram um círculo de luz ao seu redor. A seguir ele se viu dentro de um globo luminoso que lhe deu uma sensação de paz, força e uma enorme vontade de ajudar aqueles que estavam em tamanha angústia. Antes de deixá-lo, seus salvadores recomendaram que descansasse e explicaram: "A única maneira pela qual alguém pode ser ajudado é pedindo ajuda de dentro de sua própria consciência. Verá que aqueles que se aproximarem de você serão atraídos por sua luz. Um dos melhores modos de encorajá-los é por seu próprio exemplo enquanto partilha sua experiência com os outros."

Hubert agradeceu-lhes e sentiu ondas de gratidão e admiração que passavam por todo o seu ser, quando descobriu que um delicado raio de luz o conectava a um corpo radiante que pressentiu ser o seu Ser superior. Aqueles que tinham surgido, partiram silenciosamente mas, para sua alegria, um filete de luz azul permaneceu com ele, com o seu maravilhoso dom de proteção, paz e imenso amor. Ele sentiu que a radiância que o envolvia, ao mesmo tempo que o protegia, era um canal aberto para receber amor e sabedoria que chegavam através daquele delicado fio de luz azul. Isso lhe deu uma sensação de segurança e força interior que jamais sentira.

Aí então questões mais complexas lhe ocorreram. O que poderia ser feito para que os adolescentes e jovens adultos na Terra conseguissem descobrir esse poder latente que todos possuem dentro de si? Como eles poderiam ser ajudados a descobrir o seu propósito de estar na Terra e a aprender a usar sua energia criativa num trabalho importante para a humanidade? Poderiam eles ser inspirados pela beleza da natureza a proteger as energias vivificantes do ar e da água pura para curar a Terra?

Sentindo-se como uma gota d'água nesse enorme oceano de jovens amedrontados, frustrados e perdidos, Hubert conjecturava como poderia ser realmente de valia para eles. Nesse momento, as palavras do Anjo de Luz voltaram a soar novamente: "O único meio pelo qual cada um pode ser ajudado é pedindo, e a melhor maneira de ajudar os outros é por seu próprio exemplo."

Sua concentração fora tão profunda, que não havia percebido um pequeno grupo de adolescentes que, atraídos pela luz ao seu redor, por curiosidade tinham chegado bem perto dele. Com uma onda de alegria, Hubert saudou-os e com gratidão eles se juntaram a ele. Surpreso, viu que podia conhecer seus pensamentos e sentimentos e sentir sua reação à radiante energia de seu amor por eles. Enquanto os encorajava a partilhar as próprias experiências, ficava imaginando como poderia ajudá-los. Será que eles também teriam a possibilidade de receber a grande dádiva da luz protetora? A seguir, em resposta às suas perguntas, contou-lhes a sua experiência aterradora e a miraculosa proteção que havia recebido. Um após outro, foram dizendo: "Vamos pedir ajuda. Podemos confiar que ela virá!" — até que todo o grupo estava emitindo uma nota uníssona. Não sabendo o que esperar, Hubert disse suavemente: "Agora devemos descansar e manter esse pedido bem claro em nossas consciências. Mas podemos ficar juntos com o propósito de reunir maior força." Sentindo-se sozinho e sem apoio, ignorando o que iria acontecer, procurou pelo Anjo, mas a bela luz não estava mais visível. Nesse ponto, ele também fazia uma oração, pedindo ajuda.

Capítulo 2

Ray — Um espírito audaz

Na dimensão da Bela Luz Azul, as duas almas que haviam salvado Hubert estavam saudando um convidado que, como diretor de peças teatrais e óperas, fora bem conhecido por seu trabalho com autores de peças e gente jovem. A hora da libertação de seu corpo físico tinha sido perfeitamente programada por sua alma para que, com o preparo necessário, ele pudesse ocupar-se com esse Grupo de Almas. Elas lhe deram o nome de Ray, que refletia o brilho solar de seu espírito e seu amor pelas pessoas. Agora lhe ofereciam a oportunidade muito especial de se juntar a elas numa missão para a qual ele estava bem preparado.

Diante deles havia um grande instrumento, mais parecido com uma tela de radar, na qual Martreb* indicava áreas sombrias que o Grupo chamava de Shadowland. Enquanto Ray estudava a tela, Martreb lhe contava sobre Hubert, dizendo: "Com ele nós sentimos que há um núcleo para um grande trabalho no resgate de muitos jovens em Shadowland, especialmente aqueles que são naturalmente atraídos para a luz. Eles estão à procura de ajuda para si próprios mas podem também estar ansiosos por ter condições de ajudar muitos outros."

Ray, cujo espírito audaz o levara a muitos países, aceitou o desafio com alegria: "Podemos criar um centro que use criativamente os próprios talentos e linguagens para expressar os verdadeiros valores da vida.

---

* A história de Martreb e do Grupo das Belas Almas no radiante Reino da Luz Azul, um lugar curativo de sabedoria e amor, é revelada em meu livro *Nossa Ligação com as Energias Superiores,* Editora Pensamento, São Paulo, 1988.

Após um momento ele perguntou: "Por que não o chamamos de Centro Teatral Hubert?"

Enquanto eles voltavam ao visor para estudar a cena de Shadowland em forma de mapa, Martreb apontou para uma área e disse: "Aquele ponto de luz é a sua oportunidade. É a luz que demos a Hubert mais a luz do seu Anjo da Guarda ao seu lado. Você estará protegido permanentemente por um potente raio de luz azul originário deste reino, que irradia sabedoria e amor."

Ray, com o seu costumeiro entusiasmo, perguntou: "Quando começamos?" Martreb respondeu: "Agora é o momento para o qual você foi preparado durante muitas vidas. Sua vida nesta última encarnação foi particularmente importante para este trabalho. Você nutriu uma energia positiva e um amor pelas pessoas ao qual elas corresponderam com naturalidade. Seu trabalho o levou à maioria dos principais países do mundo. Esta é a última fronteira e há um trabalho abundante a ser feito neste paradeiro da humanidade em conflito."

Sempre pronto para a ação, Ray exclamou: "Vamos!"

Martreb e Ray foram acompanhados por uma outra alma cujo nome era Aura, por causa da suave aura dourada que a envolvia. Essas três almas reunidas agora num novo serviço haviam sido recentemente uma família na Terra, com um forte elo de ligação.

* * *

Durante esse tempo, Hubert falara ao pequeno grupo ao seu redor sobre a angústia e o medo que experimentara e sobre a sensação de estar perdido. A seguir, contou como ocorrera o surpreendente resgate, digno de admiração. Agora ele estava rezando para que o chamado desse grupo confiante fosse atendido de alguma maneira substancial. Sentiu-se extremamente vulnerável naquele momento, imaginando se o auxílio viria ou não.

De repente e ao mesmo tempo, dois dos jovens exclamaram com excitação: "AS LUZES ESTÃO VINDO! ELES VÊM VINDO NOS AJUDAR!"

Hubert olhou para cima e naquele momento todas as dúvidas e o medo, toda a falta de confiança desapareceram. Naquela hora ele firmou um inquebrantável compromisso com esse trabalho que o levaria para além de qualquer coisa que jamais sonhara possível em sua vida.

Protegido pelas encantadoras almas que estavam com ele e pela Luz Azul, que se tornara mais brilhante ainda nessa área obscura, Ray saudou Hubert e seu pequeno grupo com a familiaridade de um companheiro e imediatamente convidou-os a partilhar idéias. Quando propôs o desenvolvimento do projeto de um teatro, eles acolheram a sugestão com entusiasmo.

Animadamente, Ray, que a caminho de Shadowland tinha concebido idéias para o projeto, declarou: "Vamos criá-lo bem aqui onde nos encontramos pela primeira vez. Ainda veremos sua luz expandir-se para englobar uma grande área. O centro será basicamente um teatro e vocês serão o elenco principal desse projeto que podemos criar juntos."

Com a visão do enorme potencial que poderia ali se desenvolver, dentro do poder da Luz Azul e com a calma atemporal com que suas idéias poderiam tomar forma nessa região, Martreb limpou uma área bem ampla para que permanecesse sempre protegida com um raio da poderosa Luz. A seguir pediu a Ray para, com a energia especial que lhe fora concedida, criar uma área de trabalho na qual Hubert e cada membro de seu pequeno grupo pudessem dar sua contribuição a partir da experiência pessoal. Deslumbrados com o fascinante uso de sua energia criativa, cada um deles descobriu que poderia contribuir com um presente inspirador, que ia desde uma luz de boas-vindas a uma bela música ou idéia para a criação de uma peça teatral. A todos, conforme cada um assumira seu compromisso com o trabalho em grupo, Martreb dava uma envolvente luz áurica para a sua proteção.

Ray perguntou se podia permanecer com Hubert e o pequeno grupo por algum tempo, mas Martreb garantiu-lhe que tudo ficaria bem ali e explicou que a preparação especial de que ele iria precisar no trabalho estava marcada para começar no Reino Azul.

Hubert, que tinha se apresentado como um líder natural, estava radiante e totalmente empenhado. Prometeu que não sairiam daquela linda área de luz e em seguida liderou o grupo num cântico de agradecimento pelo salvamento e pela ajuda miraculosa. Um pouco antes de partir, Ray olhou para cima e extasiando-se com a Luz, disse: "Há um pensamento protetor que eu gostaria de deixar aqui enquanto vocês superam dificuldades ou trabalham lembranças passadas e colhem idéias para o trabalho. Quando eu pensava em Shadowland, chegou-me esta mensagem."

> "Quanto mais brilha o sol, mais clareia a sombra. Não adianta desejar que ela se vá. Mas, pela aceitação de sua existência, ficamos livres para deixá-la estar e prosseguirmos com nossa vida. Ela muda à medida que mudamos e amplia todas as nossas características como em silhuetas. Quanto mais alto o sol no zênite, menor é a sombra, até que desaparece.
>
> Quanto mais nos abrimos para esse sol interior do magnífico Espírito de Luz que somos, maior a transmutação dos limitados pensamentos e emoções do passado, do medo e dos impulsos negativos. O poder da luz interior e o calor do amor que cura são como o acender de uma lâmpada num quarto escuro. Coisa alguma de natureza obscura ou negativa pode resistir à força desse glorioso espírito."

Prometendo voltar em breve, Ray e seus dois protetores começaram a subir para regressar ao Reino da Unidade. Olhando para trás e vendo o suave fulgor da iluminação do Teatro Hubert, Ray sentiu uma grande alegria a gratidão pelo trabalho que sua alma o estava animando a fazer, com inspiração e amor por aqueles que estivera ajudando em Shadowland.

Capítulo 3

Enfrentando um teste rigoroso

"Onde fica esse Reino Azul que parece tão real para você?" Eu sabia que a pergunta daquele jovem era sincera, mas ela representava um verdadeiro desafio para mim. Tentei explicar-lhe que a quarta dimensão — o nível da alma —, era mais parecida com uma experiência em sonho. Eu ficava sem saber o que dizer para designar um lugar específico na quarta dimensão, muito embora essa experiência em minha hora de recolhimento tivesse trazido uma mudança dramática em minha vida.

Mais tarde, sentada silenciosamente para meditar, tentei me concentrar mas senti que essa desafiante questão estava causando uma resistência interna. Finalmente, solicitando ajuda de um nível superior, houve um desbloqueio e pude elevar-me conscientemente para o Reino da Luz Azul. Porém, para meu desânimo, encontrei-me face a face com um outro desafio maior e mais grave.

Martreb, um guia e instrutor do Grupo de Almas, veio em meu socorro com a sua compreensão para o meu dilema. Ele me recebeu cordialmente dizendo: "Vamos esclarecer essa questão que você trouxe. A fim de que a vivência na quarta dimensão tivesse uma realidade para você, para que pudesse relacionar-se com ela, nós lhe demos largura, profundidade e altura, dimensões simbólicas de espaços na Terra. Mas a quarta dimensão não é um lugar, ela é um estado de consciência, que permite que você sonhe e entre em meditação, o que, neste nível, é tão real como o seu corpo ou as suas posses são reais para você no corpo físico, na Terra. Tudo é relativo em seu grau de vibração; tudo é real dentro do próprio nível.

"Quando você assiste a um programa na televisão — a beleza da natureza, o *pathos* do conflito humano, a violência de uma guerra de gangues, um homem andando na lua — você não está lá onde essas coisas estão ocorrendo, mas está totalmente consciente da ação que lhe é revelada através de ondas de energia."

Tentando entender mais claramente, perguntei: "Nós enxergamos essas outras dimensões como ondas de energia dentro de nossa consciência?" "Sim, isso é verdade, e é tão real como vermos a ação numa televisão, conectados apenas por meios de ondas invisíveis de energia. Alguns anos atrás, para ajudá-la a entender o Espírito da Vida, que é a sua real individualidade, nós lhe proporcionamos a experiência de ver e se relacionar com a esplêndida presença do Iluminado,* uma forma que você pudesse reconhecer e aceitar em sua meditação. Vai chegar a hora em que entenderá que esta vivência é mais real, em sua vida maior, do que qualquer outra coisa experimentada na sua existência terrena."

Ele fez uma pausa, permitindo-me alguns momentos de silêncio. Depois disse: "Você sempre gostou de aventuras e viagens; quando termina um padrão de vida e você passa para o próximo, tem aceitado muitas mudanças e desafios. Agora uma aventura muito maior, um desafio mais real a aguarda e para o qual sentimos que você está pronta. Uma aventura para a qual precisamos da sua ajuda, já que você é a única do Grupo que vive uma experiência terrena neste momento."

Um pensamento atravessou minha mente como um raio e, por algum tempo, senti que estava sendo preparada para uma experiência nova e diferente, ainda que não tivesse a menor idéia do que se tratava. A adorável Aura, que vivera na Terra recentemente e com quem eu sentia a mais profunda ligação, começou a explicar: "Esse é um momento em que forças extremas e contraditórias estão atuando na Terra: as da luz e as das trevas. Essas últimas são originárias de uma faixa entre a terceira e quarta dimensões, uma área de grande sofrimento e vibrações inferiores. É nessa área, em que grande ajuda é necessária, que o nosso trabalho está concentrado.

---

* O Ser Iluminado aparece pela primeira vez em *Uma Jornada Interior*, da mesma autora, publicado pela Editora Pensamento, São Paulo, 1984. (N. da T.)

"Embora não possa vê-los, você está ciente de que acima da Terra um grande número de satélites, concebidos por tecnologia recente, transmitem continuamente mensagens às pessoas. Existe outro poderoso fluxo de energia, vindo de milhares de seres angélicos e altamente evoluídos, que estão envolvendo o planeta. Eles estão contatando as pessoas a partir do íntimo de suas consciências, inspirando-as à percepção e descoberta interiores que provocarão efeitos irresistíveis e enobrecedores.

À medida que as pessoas despertam de seu estado limitado, o medo se dissolve iluminando as fronteiras entre os povos e desfazendo as divisões entre as religiões. Um foco de luz é dirigido sobre a corrupção nos governos. Milhares de pessoas asfixiadas pela poluição que se refugiam na periferia das grandes cidades retornarão à sua herança, na beleza e generosidade da natureza. Há, enfim, uma intensa energia espiritual que pode inspirar as pessoas a transmutar um mundo de medo, violência e destruição, despertando-lhes a atenção para a própria força e segurança internas que lhes trazem felicidade, paz e amor."

Enquanto ela estava pintando esse quadro verbal para mim, meus pensamentos ficaram centralizados na incrível necessidade de ajuda e perguntei: "De que maneiras podem os Anjos auxiliar as pessoas na Terra?" Ela explicou: "Sempre que indivíduos ou grupos de pessoas despertam para a necessidade de uma ação curadora no planeta, possantes energias angélicas se manifestam, inspirando-os com idéias e dando-lhes a coragem necessária para trabalhar. Quando as pessoas são eficientes, as recompensas são abundantes em sua vida terrena, especialmente quando elas passam para planos superiores. Depende de cada um encarar ou ignorar esse desafio."

No momento em que eu começava a me sentir sintonizada com essas energias superiores, ocorreu uma drástica alteração. Uma outra alma mais evoluída chamou minha atenção para um aparelho, semelhante a uma televisão, que eles chamavam de visor, que poderia captar detalhes com precisão telescópica e cobrir uma ampla área. Estava focalizado sobre uma região sombria que chamavam de Shadowland. O primeiro choque ao ver esse lugar deprimente trouxe de volta uma relutância aterradora no íntimo da minha consciência. Eu poderia ver a nociva ação que ocorria no seu interior, com os espíritos de mortos apegados à terra, exercendo controle e tomando posse de corpos de pessoas viventes.

A alma que estava ao meu lado me explicava: "Muitos na Terra estão se tornando vulneráveis a vibrações inferiores através do contínuo uso de drogas ou álcool, o que abre o caminho para que sejam possuídos com maior facilidade, geralmente sem que se dêem conta do que está lhes esgotando as energias e roubando-lhes a iniciativa na vida. Muito mais assustador é o fato de que, por meio dessa possessão, as entidades malévolas estão levando milhares de jovens a cometer suicídio. É o caso desses adolescentes que estamos ajudando nessa região tenebrosa."

Sentindo o pânico subir-me pelo corpo etérico que sempre fica muito sensível nesse Reino, voltei-me para Martreb pedindo ajuda. Ele simplesmente disse: "Você está sendo informada dos piores e dos melhores extremos, de modo que possa entender o que está causando tanto medo, violência e padrões destrutivos na Terra. É importante que fique conhecendo a ajuda que nós, como Grupo, precisamos dar, salvando, ensinando e elevando a consciência dessa gente jovem que está perdida e pedindo socorro. Mas não tenha medo, pois a sua participação neste trabalho com o Grupo se desenvolverá gradativamente e somente quando estiver pronta."

Ele me conduziu então para o esplêndido centro de cura com o qual eu estava bem familiarizada e, enquanto eu descansava, minha atenção consciente regressava ao meu corpo físico. Mais tarde, quando a lembrança desse episódio perturbador veio-me à memória, eu a considerei como um sonho mau. Durante anos tenho visitado o Reino Azul nos meus momentos de recolhimento para me reabastecer de energia, para saber do trabalho dos outros, mas não realmente para assumir responsabilidades. Agora dentro dos limites de minha personalidade e em meu octagésimo sétimo ano, tendo passado por um processo de aprendizado, eu me perguntava intimamente se deveria me graduar num mundo de trabalho em outras dimensões.

Enquanto esses pensamentos surgiam, eu sutilmente os afastava. Nas semanas que se seguiram senti que estava sendo pressionada mas tentei ignorar ou resistir a essas pressões interiores. Certo dia, então, vi-me em meio a uma crise. Precisei ir aos Estados Unidos resolver um emaranhado de assuntos legais e financeiros para encerrar o inventário de meu filho. Ele havia falecido repentinamente, logo após a noite de estréia da famosa peça *Rain Makers** que estava dirigindo em Calcutá, na Índia. Devido a esse envolvimento, deixei de manter a minha costumeira hora de quietude matutina e vespertina das três e trinta às quatro horas e trinta. Esse é um compromisso que muito raramente deixei de cumprir.

Mesmo quando retornei ao Brasil, onde estava vivendo há muitos anos, não conseguia voltar à minha programação normal. Sentia uma recusa interna que, juntamente com a perda de meu filho, estava se tornando um verdadeiro desafio para mim. Sempre acontecia algo para desviar-me a atenção e impedir-me de dedicar aquele tempo ao meu recolhimento, e mesmo durante a habitual meditação grupal no santuário do centro onde vivia, eu tentava ignorar os sutis alertas que recebia de vez em quando. Havia também uma mensagem que estava se esforçando por chegar a mim, apesar da minha forte resistência. Meses haviam se passado desde o evento da morte de meu filho e de tudo aquilo que fora exigido de mim durante o inventário. Minha vida tinha praticamente voltado ao normal, mas sem o benefício do cumprimento dos períodos de recolhimento habituais que significavam tanto para mim. As pressões internas estavam inequivocadamente aumentando. Ouvia uma voz interna dizer: "Precisamos da sua ajuda. Precisamos de você para um trabalho importante." Finalmente cheguei a um ponto de total entrega e, abrindo meu coração e mente, pedi ajuda, disposta a aceitar o que quer que me levasse a romper as muralhas de resistência que sentia estarem bloqueando meu progresso na vida.

Depois, naquele mesmo dia, voltando do santuário sob a chuva, escorreguei numa rampa molhada e lá fui eu! Para minha surpresa, quando meus amigos vieram me erguer, não havia uma única marca em meu corpo, mas eu não conseguia andar. Mais tarde descobrimos que eu havia fraturado a rótula do joelho esquerdo. Que estranho que isso tivesse de acontecer, pensei, e bem do lado esquerdo! No passado, todo e qualquer acidente tinha ocorrido do lado direito. Finalmente, como eu tentava descobrir por que isso me acontecera, desejando realmente

* *Rain Makers* é uma comédia romântica escrita por Richard Nash. (N. da T.)

entender, lembrei-me de que o lado esquerdo do corpo é controlado pelo hemisfério direito do cérebro, o lado espiritual. UM GONGO SOOU COM CLAREZA E VIGOR quando, de repente, compreendi que estava sendo trazida de volta ao compromisso de minhas horas de quietude, que a partir daí foram retomadas com uma energia renovada, levando-me sutil e diretamente à ponte que me conectava com a Luz Azul do Reino de energias superiores.

Várias semanas de cama para manter meu joelho imóvel me proporcionaram bastante tempo para me recolher em quietude e escrever. Entendi, então, que métodos às vezes dramáticos são necessários quando pequenos lembretes não funcionam. Isso me revelou o propósito vital da ocorrência de uma crise em nossa vida, propiciada pelo nível mais elevado e mais sábio de nossa consciência. Sem um convincente aviso, ou algum meio de quebrar a rotina e vencer uma tendência ao esquecimento, deixaríamos totalmente de cumprir nosso compromisso e o propósito pelo qual viemos à Terra neste momento. E isso realmente bloquearia nosso progresso.

Havia um elemento muito protetor naquelas primeiras horas de quietude; uma suave aceitação amorosa e a energia curativa começaram a reconstruir minha confiança novamente. A cura veio com facilidade e havia uma profunda paz, uma luz e amor radiantes me envolvendo. As lições interiores que eu recebia eram interessantes e captavam minha atenção. Por exemplo, achei revelador me dar conta de que a eletricidade sempre estivera ao nosso redor, mas apenas há pouco mais de um século é que realmente descobrimos como controlar e usar a sua luz, calor e energia. Isso resultou numa crescente e tremenda explosão de tecnologia bem como na expansão de nossa consciência, mas pude ver também que isso tudo tinha sido profundamente destrutivo para o nosso lar terreno.

Depois veio uma fascinante lição. Certa manhã, quando adentrei as energias curativas da pequena capela no Reino Azul, Martreb explicou ao me encontrar: "Existe uma outra energia de eletricidade a ser descoberta brevemente. Trata-se da energia eletromagnética espiritual do seu Ser Maior que surgirá dentro do corpo em que você está vivendo e com o qual se expressa na Terra. Essa energia vital flui através de cada célula, com alta qualidade de luz interior, sabedoria e alegria e tem o calor e o poder curativo do amor. Essa energia oculta se torna irradiante como a luz solar quando você desenvolve uma abordagem positiva de vida e produz felicidade, clareza e solicitude para com todas as pessoas no imenso corpo da humanidade. É uma energia protetora!

"O maior desafio a ser enfrentado pelos habitantes da Terra é a dependência de muitos aos centros inferiores de consciência através do mau uso da energia, dinheiro, sensações e poder — como um animal selvagem que está investindo contra a Terra, numa recém-adquirida liberdade ainda fora de controle, testando cada pessoa e forçando cada um a fazer uma escolha que é inevitável."

No meio de tudo isso eu podia ver o progresso notável que algumas pessoas estavam fazendo. Os heróis nesse grande drama vital são aqueles que descobrem o poder dessa energia transformadora no íntimo de si mesmos. Eles aprendem a usar essa energia intuitiva latente para criar um mundo excitante e novo, mais avançado e imune a vibrações inferiores, à medida que nos elevamos com as energias do terceiro milênio.

Conforme eles atraíam gradualmente minha atenção, sem que eu percebesse, estivera o tempo todo sendo levada a diminuir minha relutância em relação ao trabalho do Grupo. Um dia, na minha hora de quietude matinal, Martreb, que estivera me conduzindo passo a passo, chamou minha atenção para uma cena que era presenciada a partir do Reino Azul. O visor estava focalizado numa casa de uma pequena cidade. Vimos uma garota adolescente sendo perseguida por uma entidade obsessora de vibração inferior que, através de um impulso, impunha-se em sua mente com uma voz estranha. A jovem tentava resistir a essa voz querendo ignorá-la a princípio, mas ela possuía a insistência persuasiva de uma torneira gotejante. Finalmente ela correu para a sala onde seu pai estava lendo. Ele ergueu os olhos para a sua face pálida, esgotada e amedrontada.

Notando a ausência da sua habitual alegria e da saudação costumeira, ele subitamente sentiu um momento de inquietação. Delicadamente falou: "O que há, Melody? O que aconteceu?" Ele se levantou e ela se atirou em seus braços, chorando: "Oh, paizinho, não sei o que está me acontecendo. Há uma voz estranha em minha cabeça." Ela soluçava e estava misteriosamente abalada. Felizmente eles haviam sempre sido muito próximos e abertos um com o outro, e ela sabia que podia confiar nele. Ele esperou em silêncio, conjecturando sobre o pequeno grupo de adolescentes que era uma parte tão importante na vida de Melody. Uns dias antes ele havia encontrado o pai de Bill, que expressara uma real preocupação sobre uma mudança havida nas atividades dos jovens e na atitude de seu filho, acrescentando que provavelmente isso fazia parte do processo de crescimento.

Gentilmente ele fez Melody sentar-se ao seu lado e, de uma maneira reconfortante, disse o quanto ela significava em sua vida. Quando ela ficou mais calma, ele perguntou: "O que tem ocorrido ultimamente, que possa ter feito você se sentir diferente?" "Oh, paizinho, eu acho que sei o que é. Um novo rapaz entrou para nossa escola algumas semanas atrás. Ele tem um carro 'chocante', muito dinheiro e é bem popular. Alguns dos garotos passaram a sair com ele e começaram a fumar uma coisa esquisita e malcheirosa. Sempre confiei no Bill e quando ele me convidou para ir com eles para esse lugar parecido com um clube, eu me deixei levar e experimentei aquela coisa. Eu sabia que era errado e me senti péssima. Aquilo me fez passar mal e não tenho estado bem desde então. Eu não tinha vontade de ir à escola e precisava me forçar para ir. Sinto-me tão aliviada por você estar aqui para me ajudar!"

Ele experimentou uma sensação de gratidão por ela ter tido bom senso e confiado nele. Após um momento, ela acrescentou: "Acabei de me lembrar. Quando vi Bill alguns dias atrás ele me avisou: 'Não vá contar à sua família sobre nossas aventuras.' Eu não respondi, mas soube que estávamos todos em perigo."

"Melody", ele perguntou: "Toda a sua turma está envolvida nesta situação?"

"Não, paizinho, duas das meninas e um outro menino se recusaram a ir, e eles estavam certos."

Seu pai sugeriu: "Talvez com eles, como um grupo de apoio, você possa ajudar Bill a dizer 'NÃO!' E também, como você não tem nada mais a esconder e não está mais envolvida, poderá dizer 'NÃO!' à voz estranha, que deixará de incomodá-la. Mas se não deixar, nós procuraremos uma ajuda especializada. Já ouvi falar sobre esse tipo de limpeza espiritual." Quando ele pensou em entidades mortas que podem se apossar de uma pessoa viva, lembrou-se dos espíritos impuros exorcizados por Cristo. Num momento de silêncio, enquanto ela ficava mais calma, ele fez uma prece de agradecimento por essa filha que lhe era tão preciosa. Sentou-se em silêncio, pensando: "Que idade tão vulnerável essa, com tantos ajustes a serem feitos nesses anos de puberdade, e ainda mais com a pressão de sua turma de adolescentes! E ainda por cima aquele sentimento de culpa e arrependimento e a questão de seu relacionamento com Bill! Não é de admirar que ela esteja confusa e necessitada de um apoio amoroso que lhe dê confiança e a ajude a construir a sua segurança íntima." Quando partilhou isso com ela, pôde ver uma nova força refletida em seus olhos. "Lembre-se de que o seu Anjo da Guarda está sempre com você," ele disse. "Vamos trabalhar isso juntos e permanecer em contato. Acho que seria bom alguns de nós, pais e mães, se reunirem e formarem um grupo de apoio com os meninos e meninas de sua turma. Poderíamos programar algumas atividades em conjunto, nas quais vocês possam desenvolver suas habilidades e 'curtir' algumas aventuras juntos."

"Papai, isso seria fabuloso!", ela disse, enquanto se preparava para fazer a lição de casa, já com outra disposição.

Um pouco mais tarde, seu pai pegou o telefone e ligou para um dos pais que ele conhecia bem e descobriu que a preocupação era real. Enquanto conversavam, eles constataram que outros pais de adolescentes de seu conhecimento estavam também profundamente preocupados. Concordaram em ligar para algumas dessas pessoas e convidá-las para uma conversa aberta e informal, demonstrando-lhes seu apoio, bem como ajudando os jovens a planejar algumas atividades em grupo que fossem desafiantes e divertidas. Quando desligou o aparelho, ele pensou que essa situação na escola poderia ter sido um desses males que vêm para o bem, colocando em perspectiva a questão da segurança de Melody e de seus amigos.

Enquanto a cena terminava, Martreb voltou-se para mim e disse: "São tantas as possibilidades para esses jovens quando os pais realmente se importam!" E regressei sabendo que, mesmo nas mais limitadas circunstâncias, um cuidado amoroso é o poder que protege as pessoas.

Capítulo 4

Dissolvendo barreiras interiores

Certa manhã, quando acordei, passaram por minha mente lembranças de uma surpreendente série de eventos que me levaram a trabalhar com o Grupo de Almas no Reino da Luz Azul.* Anos atrás eu assumira um compromisso de dedicar uma em cada doze horas de minha vida a um silencioso período de recolhimento para ouvir, aprender e ser guiada por uma sabedoria interior, a voz do meu instrutor interno, num nível superior de consciência. Muitos livros têm sido escritos e muitas pessoas têm sido ajudadas por meio desse tipo de inspiração e orientação. Mas para alcançar o Templo da Totalidade e o Reino da Luz Azul, foi necessário um grande salto mental da terceira para a quarta dimensão. Foi como fechar os olhos, prender a respiração e pular de um trampolim evitando tudo e todos que existissem nas faixas intermediárias, e chegar sã e salva num outro nível de consciência. Lá então, dentro do corpo etérico de minha alma, minha atenção ficava retida e a experiência se desenrolava naturalmente. Martreb, um instrutor de nosso Grupo de Almas no Reino Azul, tinha me assegurado:

> "Quando a alma sabe que você já está pronta para questionar e ouvir, ela encontra meios de penetrar na delicada tela etérica até a mente consciente, plantando aí uma semente que se desenvolve em contínua e crescente percepção. O que você retém em seu pensamento consciente é como um magneto atraindo a reação provocada pela criação daquela sua forma-pen-

---

* Esta experiência foi descrita nos meus livros *Uma Jornada Interior* e *Nossa Ligação com as Energias Superiores*, publicados pela Editora Pensamento, São Paulo.

samento. Isso pode trazer beleza, fé e o amor que transforma, bem como o conhecimento superior da alma. Contido nessa afirmação está o segredo da vida, ajudando você a ascender a um novo nível de consciência."

Em meditação ou recolhimento, sentia-me salva e em segurança com o meu Instrutor Interno, protegida pelo meu Anjo da Guarda e pelo Grupo de Almas no Reino da Luz Azul. Mas cuidadosamente, sempre tinha evitado dar qualquer atenção à faixa entre a terceira e a quarta dimensões. Era uma área que algum ponto de minha mente sabia que eu tinha de atravessar para ir daqui para lá, mas, mesmo assim, sentia que ela estava fora dos meus limites como iniciante na preparação para uma percepção superior de consciência. Por causa disso, nutria uma espécie de pavor por esse lugar e procurava evitá-lo a todo custo. Era um local de entidades tão apegadas às suas posses terrenas que não conseguiam subir para a gloriosa luz da alma e a maravilhosa experiência que ocorre após a morte natural. Eu achava que a morte natural era como uma nova libertação das estreitas limitações do corpo terreno que nos lança numa nova existência, da mesma forma que a saída do útero da mãe nos traz para um mundo de luz, ar e grandes aventuras.

Certa manhã, uma nova aventura começou para mim quando, em meu período de quietude, entrei no Reino Azul e senti que algo misterioso estava acontecendo. A atenção de todos parecia estar voltada para mim. Após um momento descobri um convidado no grupo, o que não era comum. Martreb veio até mim e disse: "Este é o Ray, que se juntou a nós para esse serviço especial."

De repente, senti-me como Alice no País das Maravilhas ao atravessar para o outro lado do espelho. Ali diante de mim, num corpo radiante de luz, estava meu filho que havia deixado seu corpo físico um ano antes. Sua saudação costumeira — "Oi, isso é formidável!" — era bastante natural, mas logo senti que ele, juntamente com as outras belas almas, tinham um propósito mais profundo em nosso encontro. Percebi o Grupo inteiro me estudando intensamente. Finalmente ele perguntou: "O que é que você sabe sobre a zona entre o terceiro e o quarto níveis de consciência?"

Apanhada totalmente de surpresa, respondi: "É um local que sempre evitei. Sinto que fui advertida para não me envolver." Seguindo uma breve pausa, ele perguntou: "Se soubesse que pode auxiliar um grande número de pessoas que esteja em situação desesperadora, você se disporia a ser preparada de uma maneira totalmente segura para prestar sua ajuda?"

Desde há muitos anos, um de meus objetivos de vida tem sido me importar com as pessoas e ajudá-las, e sustentada por um imenso amor ao grande número de pessoas que vem conversar comigo todos os dias, senti um estímulo profundo e tocante para ajudar até mesmo nessa paragem desconhecida. Enquanto me debatia com esse pensamento, tentando entender o que estava sendo solicitado de mim, ele perguntou: "O que a levou a ter tanto pavor dessa área? É verdade que as mais baixas energias estão reunidas lá, mas agora milhões de jovens precisam desesperadamente de ajuda. Eles cometeram suicídio sem saber que a vida continua e estão presos numa armadilha, incapazes de compreender o que lhes aconteceu. Precisamos contar com a ajuda especial que você pode dar por causa do seu corpo terreno, enquanto nós salvamos tantos quanto possível."

Sentindo-me perplexa, perguntei: "Como posso eu, num corpo terreno, com minhas limitações, ser de ajuda a vocês que estão muito mais livres nesta poderosa Luz?" Ray explicou: "Você é a única de nós que tem um vínculo direto com a terceira dimensão, uma qualidade reconhecível para os jovens que estão tentando desesperadamente se identificar com algo que seja real para eles."

Tentando corresponder e aceitar um papel nesse estranho projeto, eu sabia que teria de enfrentar o medo desse nível desconhecido, o que sempre havia evitado. Comecei procurando trazer à mente consciente os episódios que quisera esquecer. Lentamente, lembranças íntimas começaram a emergir em minha mente e me dei conta de que cada uma delas havia sido uma partícula direta da preparação para o trabalho que estava sendo compelida a fazer. Eu as via como um importante processo de perfeita natureza construtiva. Por muitos anos, numa experiência de meditação, acostumara-me a entrar num lindo lugar no quarto nível de consciência dimensional da alma, conhecido como Templo da Totalidade. Ali, cercada pela luz e amor encorajador, eu havia ajudado pessoas a se libertarem de entidades presas à terra, que eram levadas embora e cuidadas por auxílio angélico. Sabia que estivera totalmente protegida naquela experiência. Em seguida surgiu uma resposta direta para o meu dilema — uma lembrança profundamente escondida que havia me enchido de terror —, e exclamei: "Uma coisa é ler sobre as apavorantes conseqüências do suicídio, como se lêssemos ficção científica, e outra completamente diferente é ficar exposto ao conhecimento oculto do poder que uma pessoa infame pode exercer de maneira sinistra."

A seguir, na segurança do Grupo, expliquei o que havia ocorrido e que tanto me chocara:

> "Certa manhã, eu tinha entrado em meu período de quietude quando deparei com um quadro de uma insidiosa teia de controle de longo alcance, partindo de uma zona entre as duas dimensões, e voltei tremendo diante da revelação que me fora feita.
>
> Na mesma ocasião, um homem viera visitar o centro onde moro. Quando pediu para falar comigo, senti que era seguro contar-lhe o episódio que tanto havia me chocado. Após minhas primeiras palavras revelando a situação, ele imediatamente disse: Nem pense nisso! Você poderia correr grande perigo! Desista disso completamente! Eu me encarrego disso com o Grupo com o qual trabalho, que é muito forte. Isso é demais para ser tratado por um indivíduo isolado! Deixe isso conosco.
>
> A sensação de alívio que senti naquele momento era como se eu tivesse saído de um quarto escuro para a luz do dia, e deixei que isso se desvanecesse no recesso da minha mente."

Agora, sob a poderosa proteção do Grupo de Almas no Reino da Luz Azul, eu tinha a certeza de que poderia rememorar com segurança toda a ocorrência e entender o propósito de a minha alma ter me proporcionado aquela pré-estréia, que era como uma semente destinada a crescer e ser revelada na hora certa.

Lentamente me recordei que na manhã daquela experiência eu havia entrado em meu momento de recolhimento como sempre e, sem dificuldade, havia atingido o Reino da Luz Azul, como se fosse um sonho. Quando me aproximei do Grupo, fui convidada a assistir a essa cena:

> Uma enorme e horrível criatura, parecida com um polvo, estendia seus braços semelhantes a tentáculos em direção a diversos países. Seu centro emitia um estranho brilho. Alternadamente, os braços estavam aspergindo um veneno terrível e sugando o sangue vital de muitas pessoas. Senti meu corpo etérico retrair-se em horror mas, instantaneamente, um raio de Luz Azul liberou minha tensão e foi-me sugerido observar como se eu fosse o olho de uma câmara gravando um filme. Minha atenção foi então focalizada num braço da criatura que se estendia para dentro dos Estados Unidos.

Acompanhei a cena de volta através daquele braço estendido, sobrevoando regiões de um verde luxuriante, e vi homens trabalhando em construções escondidas nas selvas, até que cheguei ao centro, no coração da criatura.

Ali encontrei uma casa muito bem montada, cercada por uma floresta. Entrei na casa e, seguindo um brilho estranho, a câmara captou uma espécie de ritual. Um homem estava em pé diante de duas estátuas de ouro que pareciam ser a duplicata de Hitler e de sua companheira, Eva. Senti uma energia emanando dessas duas estátuas que estavam inextricavelmente ligadas a esse homem e que, parecia, o estavam controlando. Foi então que percebi o trágico espaço entre a terceira e a quarta dimensões. Foi a primeira vez que essa região me foi mostrada com alguma clareza a respeito do que acontece a pessoas que cometem suicídio. Captando a vibração dessa dupla, cujas vidas estavam simbolicamente presas às estátuas, pude sentir as condições frustrantes em que se encontravam. Elas não conseguiam nem retornar a seus corpos, nem prosseguir para o espaço reservado ao repouso normal de suas almas. Pude ver que conservavam todas as tendências e a consciência mental que haviam adquirido e que usaram enquanto estavam em seus corpos terrenos que, nesse caso, era o desejo de manipular, exterminar e controlar a vida de milhões de pessoas. Fiquei gelada ao tomar conhecimento de que ainda continuavam a operar da mesma maneira por meio de obsessão e possessão de pessoas na Terra.

Fiquei sabendo que nada prepara mais facilmente uma pessoa para ser possuída por uma entidade desencarnada do que as drogas, especialmente a cocaína. Através da possessão, essas entidades presas à terra encontraram uma entrada fácil nesse homem e, através dele, executavam um plano infame. Engenhoso, cruel e aterrador, o plano consistia em destruir o estímulo e a autonomia pessoal de milhões de pessoas para facilmente controlar e manipular suas vidas.

Quando completava esse relato, eu disse: "Saí dessa experiência abalada e querendo acreditar que tinha sido apenas uma fantasia, mas quando vi a reação do homem com quem eu estivera partilhando a ocorrência, tive a certeza de que havia toda uma área de vida sobre a qual eu sabia muito pouco. Agora me dou conta de que, tendo delegado isso a ele, minha alma estava me liberando para que a semente crescesse gradualmente sem o uso de minha atenção consciente."

Martreb, que estivera acompanhando atentamente minha explicação, e observando minha reação ao desafio, captou meu crescente reconhecimento, dizendo: "Você tem sido preparada para este trabalho há longo tempo. Tem sido um processo lento em que você tem aprendido tanto sobre os perigos como sobre as recompensas. Neste trabalho é fundamental estar sempre ciente do poder transformador do grande amor e da força vital de seu Ser Espiritual, bem como da proteção da Luz Azul que estará sempre focalizada em você. Não existe poder maior do que a aceitação amorosa quando expressada com sabedoria, tanto no que você faz como na maneira de fazê-lo."

Lembrei-me então de um episódio onde eu fora testada e não tinha sido muito sábia. Logo após a morte de meu filho, durante o processo de seu inventário, eu havia prestado toda a ajuda possível a uma pessoa, prometendo ajudá-la financeiramente ainda mais quando tudo aquilo terminasse. Entretanto, um ano e meio se passaria antes que qualquer valor estivesse disponível, o que terminou por causar uma grande confusão.

Martreb disse: "Isso foi um teste com o qual você teve de aprender uma lição muito importante: solicitude e vontade de ajudar, aliadas a boas intenções, não são motivo suficiente para a ação. Se você tivesse usado de discernimento juntamente com os cuidados amorosos, teria aguardado os acontecimentos se desenrolarem e teria evitado o embaraço. Sabedoria com aceitação amorosa proporciona a proteção que é absolutamente essencial a este trabalho. Uma ação impensada prejudica todos à sua volta: é perigosa e pode colocar esse serviço em risco." Agradeci pela clareza e proteção da qual estava sendo alvo. Com admiração e alegria, minha atenção se voltou então para Ray, cuja radiância era uma inspiração para mim, como tinha sido a mensagem que ele escrevera alguns meses antes de deixar seu corpo físico e vir para este plano superior:

> "Tocado pela mortalidade, encontro em cada momento um deleite, um desafio e uma fonte de energia e inspiração. Eu vivo para criar experiências que, do mesmo modo, deleitarão e desafiarão a outros."

Perguntei-lhe: "Quando escreveu isso, era como se você já estivesse em contato com este plano superior?"

"Na realidade, não," ele replicou, "mas essa liberdade gloriosa é certamente um deleite, e o trabalho que já estou fazendo em Shadowland é realmente um desafio. Estamos trabalhando numa peça e já criamos uma boa energia de grupo."

A seguir, com sabedoria e cuidado amoroso, Martreb convidou-me a repousar, dizendo: "Venha até a área de cura do Grupo de Almas para receber a energia extra de que precisa." Entramos num amplo espaço de paz do qual energias curadoras eram enviadas a pessoas em lugares de crise e destruição. Senti uma profunda paz que era uma dádiva especial, e no silêncio percebi que algumas barreiras estavam se desfazendo antes que o meu período de quietude terminasse.

Capítulo 5

Como um satélite sobre Shadowland

Algumas manhãs mais tarde, em minha meditação, fui diretamente ao lugar dentro de mim mesma que posso alcançar com naturalidade e onde libero facilmente as tensões, antes de enfrentar a experiência do Reino Azul. Esse lugar era uma pequena capela de Luz Azul, onde Aura, em seu encantador e suave manto dourado, veio me encontrar. Curiosa para saber o que estava acontecendo, perguntei: "Quais são os planos para hoje?"

"Tudo vai bem," Aura respondeu. "Martreb e Ray estão fazendo consultas sobre o trabalho. Estão examinando tudo cuidadosamente para se certificarem de que você estará em segurança."

Sentindo-me ansiosa por entrar em ação agora que tinha tido uma idéia do serviço que poderia prestar, disse: "Sinto-me como se estivesse sendo contida ou superprotegida."

"É muito importante termos a certeza," Aura continuou. "Você deve ter captado a preocupação deles para a sua dificuldade em se concentrar. Muita coisa está em jogo e existem perigos dos quais você ainda não está a par. Martreb deve introduzi-la gradualmente nas energias porque o perigo não se encontra somente em Shadowland, mas em cada momento desperto ou dormindo. Por isso é que o Raio de Luz Azul fica sobre você o tempo todo, porém você precisa ficar alerta contra quaisquer pensamentos ou impulsos negativos e se lembrar imediatamente do poder protetor da Luz, pois, quando você se volta para ela com aceitação, ela transmuta todos os pensamentos obscuros e negativos, como o ato de acender uma lâmpada num quarto escuro."

"Oh!", exclamei, "recentemente tem havido uma série de pensamentos muito estranhos que ficam indo e vindo em minha mente, e tenho procurado encontrar meios de eliminá-los. Somente agora começo a reconhecer a sua causa."

Aura explicou: "Entenda, somos uma ameaça para aqueles que querem escravizar outras pessoas, embora, por enquanto, consigamos atingir tão poucos. A Luz está se expandindo e eles, portanto, em sua inata voracidade e fanática necessidade de dominar as pessoas, temem qualquer poder que não possam controlar."

"Qual é a melhor maneira de eu lidar com isso para ficar protegida?"

Aura, que parecia em profunda concentração, afinal respondeu: "Embora tenhamos a Luz Azul focalizada em você o tempo todo, é essencial que aprenda a se lembrar de seu poder protetor, especialmente em certos momentos de necessidade. Isso também ajuda você a se abrir mais completamente para o magnífico Espírito de Vida que é a sua Realidade: a força vital que se expressa através do corpo em que está vivendo. Com a prática, as energias superiores do amor que transforma, da alegria e luz interior são captadas mais rapidamente e se irradiam como luz solar interna, fluindo automaticamente com os seus pensamentos e impulsos. Esse é o poder curador das energias que estão sendo emanadas do Reino da Unidade para as pessoas, onde quer que estejam ocorrendo tragédias na Terra."

Tranqüilamente, eu refletia sobre as explicações de Aura. Aí então, com uma onda de alegria, lembrei-me de que quando caí e fraturei a rótula, não havia tido nenhuma reação negativa. Minha aceitação tinha sido espontânea e, nas poucas semanas de recuperação que se seguiram, não senti nenhuma dor. Muitos ficaram surpresos com a cura que se processara tão facilmente a despeito de minha idade.

Aura, lendo meus pensamentos, disse: "Quando você abre o coração e a mente para as energias superiores, nada pode resistir ao fluxo de luz e ao amor que transforma. Essa é a parte mais importante de sua preparação e treinamento.

"Viva!", pensei. "Agora posso realmente entender o que é necessário de maneira muito mais clara!"

Aura explicou: "No Reino Azul isso tem sido a nossa maior preocupação; manter você protegida e ao mesmo tempo estimulá-la sempre com informações sobre o que está acontecendo no planeta e que está tão claramente se refletindo em Shadowland ou, o mais certo: **o que está acontecendo em Shadowland pode estar afetando de maneira profunda as pessoas deste planeta.**"

"Oh, meu Deus!", interrompi-a. "Isso esclarece o mistério de por que toda uma avalanche de informações tem continuamente sido trazida à minha atenção; revistas enviadas por pessoas noticiando corrupção no governo, um aumento tremendo de crimes e suicídios, em especial entre gente jovem afetada pela pressão materialista e desigualdades em nações industrializadas; muitas crianças desamparadas e maltratadas crescendo para se tornarem adultos inseguros e vingativos. Todo ano, centenas de milhares de meninos adolescentes são recrutados por gangues; a horrível realidade de crimes sexuais a sangue-frio e em série. Por meio de guerras encenadas, controladas e instigadas por aqueles que se beneficiam da venda de armas e da especulação, um número excessivo de pessoas está perambulando, sem teto e perdido na maioria dos lugares do mundo, sendo usado como mero objeto de manipulação da política internacional em seus sinistros interesses. Milhões de criancinhas são doutrinadas por brinquedos de guerra e de destruição na televisão, violentadas em seu direito inato."

Uma questão aterradora assombrava minha mente: "É possível que toda a crueldade, crimes, guerras, vícios, pornografia e extermínio estejam sendo causados por entidades obsessoras oriundas das vibrações inferiores de Shadowland, que se apossaram das pessoas na Terra?"

Sentindo essa crescente ansiedade, Aura chamou minha atenção para a energia harmonizadora nesse tempo incomum de transição. Ela começou por dizer: "Sempre há dois lados de uma mesma moeda. Um grande oceano de energia está ascendendo para elevar as pessoas e, por outro lado, existe uma luz e força descendentes de níveis superiores, às quais milhões de pessoas estão começando a responder. Essa radiante e penetrante força que envolve o planeta Terra inspira muitas descobertas e imprime-se no corpo etérico de todas as pessoas que despertam, estimulando-lhes as energias eletromagnéticas internas. As luzes estão agora vindo em grupos, centros e bairros de muitos países em nosso mundo, trazendo um grande impulso sincrônico de gente ajudando gente. Onde quer que exista o potencial da luz interior, aceitação amorosa e cuidados com o próximo, a energia protetora estará presente, dispersando a escuridão dos vícios de dependência e possessão. As entidades arraigadas à matéria não podem resistir à Luz e ao poder transformador do amor, onde quer que estejam começando a se desenvolver agora."

Senti tanto um desafio como um alívio enquanto Aura partilhava tudo isso comigo. Uma pressão íntima estava me levando a reconhecer a necessidade de um maior cuidado e uma resposta mais clara para tudo o que estava se desenrolando em minha vida. Muita coragem iria ser necessária mas, pelo menos, saber o que estaria enfrentando tornava as coisas mais fáceis. Enquanto eu repousava, examinando o complexo quadro que me fora apresentado, pensei novamente na importância da Luz Azul protetora.

Naquele momento eu sentia a sua radiância e Aura sugeriu que fôssemos para a área de cura do Reino Azul. Quando lá chegamos, notei uma onda de excitação no ar. Diversos membros do Grupo de Almas estavam estudando as diferentes áreas de Shadowland e escolhendo as regiões mais escuras para onde deveriam levar a calidez do seu amor. Eu estava imaginando se me seria permitido observá-los no visor, quando um deles voltou-se para mim e perguntou: "Você não prefere ir conosco?" Tive a sensação de que esperavam que eu aceitasse. Voltei-me para Martreb com um olhar indagador. Ele disse: "Você estará em perfeita segurança se mantiver sua atenção totalmente concentrada no Raio de Luz Azul."

Agora eu entendia o motivo das palavras de advertência de Aura. Sentindo uma onda de alegria, aceitei. Martreb disse: "Sua contribuição neste trabalho é a extensão total de sua linha luminosa, que se conecta ao seu corpo terreno. É essa ligação que é tão importante, já que nenhum de nós aqui a tem. Fique atenta à luz e mais tarde faremos um resumo sobre o resultado da nossa aventura."

Naquela ocasião eu não sabia que isso estava sendo encenado principalmente como parte do treinamento para testar a minha capacidade de concentração, sem o que o trabalho seria muito limitado.

Começamos a jornada com Martreb ao meu lado, cercado pelos outros, em dois círculos de energia. Eu observava Martreb quando ele chamou minha atenção para o feixe de Luz Azul, com uma pergunta repentina: "Fique atenta à Luz. ESTÁ PRONTA?" Sem hesitar, respondi: "SIM!" Enquanto me concentrava no centro do raio, senti uma grande liberdade de ação para fazer esse experimento. Exclamei: "Sinto-me UNA com a Luz!" Naquele momento pude ver o reflexo do Mestre do

Reino Azul dentro do azul profundo do raio. Não encontrei dificuldade em colocar minha atenção total em sua imagem, colhida e envolvida em seu amor protetor. Percebi uma espécie de ondas espiralantes de energia dentro da ação da Luz e uma força interior que me ajudava a manter a atenção firme. Eu diria que essa experiência era parecida com a sensação de não poder enxergar o que estava ao meu redor após ter ficado olhando para a brilhante luz solar por algum tempo, pois ela guardava em si uma energia protetora.

Para minha alegria, quando nos aproximávamos da área, vi, refletida no centro do raio, a imagem do que estava acontecendo, o que me fez ficar boquiaberta. Era como se eu estivesse assistindo a um fascinante programa de televisão. O propósito era realizar um estudo sobre o efeito da vibração da luz e do calor do amor, ao passarmos pelos centros mais profundos das trevas causadas pela ambição, ignorância e desespero. Após um instante vi que havia dois níveis predominantes de energia. Alguns dos "televisados" estavam presos às suas consciências belicosas, dependentes de vícios, numa atitude de apego à terra, enquanto outros estavam mais abertos às energias superiores e, encarando a luz, reagiam à iluminação Azul, atraídos por seu brilho. Alguns se viravam e se escondiam com medo, limitados por sua consciência restrita, incapazes de suportar o que não podiam acreditar ou compreender.

Nessa altura, como parecia que permanecíamos imóveis, pensei na descrença e medo do desconhecido que mantêm as pessoas afastadas da aventura que é a vida. Um amigo me disse recentemente que um atendente de loja, ouvindo algumas pessoas comentarem sobre os astronautas que tinham andado na Lua, dissera descrente: "Vocês não acreditam realmente nessa história, acreditam? Não caiam nessa! Isso não passa de uma invenção de programa de TV." Todos temos nossas descrenças e limitações. Foi aí que entendi que minha própria descrença tinha exigido uma incursão na dimensão três e meia a fim de enfrentar a região das trevas com os seus perigos ocultos, para me decidir a auxiliar no resgate dos jovens que lá estavam presos e advertir aos da Terra sobre as artimanhas que estão sendo usadas para seduzi-los a entregar seu poder a outros.

Minha atenção voltou-se bruscamente para o foco, enquanto o Grupo se movimentava sobre a área como um satélite tirando fotografias e gravando o grau de reação obtida. Eu tinha a sensação de estar sobrevoando uma ampla área. Não sabia na ocasião que a linha de luz ligada ao meu corpo era o ponto de atração do experimento. Era como se, partindo de uma possante nave espacial, o facho de um holofote estivesse vasculhando a Terra. Soube mais tarde que alguns haviam ficado fascinados, outros amedrontados mas, de certa maneira, todos foram afetados por essa experiência incomum.

Em algumas áreas passávamos com rapidez e em outras demorávamo-nos um pouco. Quando eles reviram o experimento comigo mais tarde, explicaram que o fato de termos nos detido por mais tempo em alguns pontos fora para testar se uma exposição mais prolongada à luz obteria uma reação mais acentuada. Quando a experiência terminou, encontrei-me tranqüilamente de volta ao meu corpo consciente com uma grande vontade de saber mais sobre o que fora descoberto e como isso afetaria o trabalho.

* * *

Nos dias que se seguiram, dei-me conta da preciosa dádiva da Luz Azul que estava sempre comigo, embora eu me apercebesse dela somente em momentos de total tranqüilidade, e notei que me tornava mais aberta e pronta para aceitar o trabalho que estava lentamente evoluindo. O Raio de Luz era protetor, inspirador e me conduzia facilmente ao Reino Azul, onde minha preparação prosseguia. Dentro dessa Luz, o contato com minha alma era real para mim, como se eu conseguisse me manter dentro dessa consciência maior, ao mesmo tempo que ela se estendia a outros níveis superiores, dentro dos quais sei que também estou viva e ativa. Uma gratidão dominou todo o meu ser por esse presente.

A lição seguinte foi muito simples. Num período de recolhimento, meu instrutor interno disse: "Você pode sentar-se num cômodo, sofrer e até mesmo morrer de inanição, se não enxergar que há uma caixa de alimentos numa prateleira acima de você, ou se não souber como alcançar e abrir essa caixa." Que afirmação mais estranha, pensei. Em seguida, ele perguntou: "Se você fosse uma criança, presa em Shadowland, e não soubesse que acima de você se encontra o socorro de que precisa nem como alcançá-lo, como se sentiria?" Enquanto eu pensava como é maravilhoso obter ajuda no desespero, este poema me veio à mente:

Minorando a dor do suicida

A meio caminho apenas de sua jornada,
nem daqui partiram, nem lá chegaram.
Existe algum meio de ajudá-los
a encontrar algum consolo, e não desalento?

Num momento fatal, sem saber
quem realmente são
e por que vieram à Terra,
sua missão é ignorada
como uma estrela distante.

Arrancados prematuramente do ciclo da vida,
perambulam agora sem rumo e sem destino,
o Glorioso Espírito aprisionado
à espera da hora determinada.

Inesperadamente sua escrita parou
nesta página do seu livro da vida.
Oprimidos por um presságio fatídico,
somente corações podem ouvir o seu clamor.

Em meu íntimo ouço-os a rogar
por alguma luz e pelo amor que cura,
enquanto vagueiam, perdidos, ignorando
o plano traçado de cima para suas almas.

Eles procuram, enquanto caminham
presos numa noite de brumas,
o amor zeloso que nos energiza
e os envolve com luz protetora.

Firmes na fé e glorificados pelo Espírito,
sabemos que nossa alma
está tão ligada aos níveis sutis,
que os ajudamos com cada pensamento amoroso.

Capítulo 6

Aventura iminente: Preparação vital na terceira dimensão

As coisas estavam se desenvolvendo rapidamente. Enquanto revia o progresso feito até então, descobri que minha preparação implicava atenção ativa e cuidadosa para a minha vida tridimensional, e também para tudo o que estava evoluindo em outros níveis. Certo dia, dois amigos se reuniram comigo no terraço do centro onde vivo. Cada um de nós tinha uma tarefa desafiadora e extremamente importante a cumprir, à qual nossas limitadas personalidades estavam causando uma certa resistência. Em cada caso nós sabíamos que a necessidade era premente e chegamos a ponderar que talvez não estivéssemos à altura da tremenda empreitada que estávamos sendo solicitados a realizar. Foi muito interessante notar que cada um estava perfeitamente seguro de que os outros dois eram plenamente qualificados, e essa encorajante energia nos deu um estímulo inspirador. Sentíamos que estávamos sendo urgidos por nossas almas a permitir que maior energia espiritual se expressasse através de nós em nosso desafiante trabalho e isso requeria verdadeira confiança e total aceitação do compromisso.

Um desses amigos está desenvolvendo uma rede de trabalho para a distribuição de uma bactéria descoberta recentemente na Europa, que poderia resgatar os cursos de água e esgoto, liberando o planeta de grande parte da poluição — uma magnífica contribuição para a nossa mãe Terra.

O outro está trabalhando no desenvolvimento de dois excelentes projetos: um deles, chamado "Retorno à Terra", com um plano experimental em cooperação com peritos; e o outro trata do estabelecimento de centros de educação e cuidados com crianças da área rural, ambos suprindo uma premente carência sentida por muitos milhares de pessoas no Brasil. Esses centros experimentais têm obtido sucesso e, no momento, trinta novos centros estão em processo de instalação, com um plano para a implantação de setecentos, a um prazo mais longo.

Meu próprio projeto em Shadowland, embora muito diferente, era igualmente desafiante. Partilhar o meu projeto com eles, mesmo nos estágios iniciais, ajudou-me a ver sua importância em relação à ecologia e à necessidade de ajudar e salvar pessoas.

Pude ver o quão inter-relacionados são os níveis de consciência nesse trabalho vital com as leis supremas e as qualidades espirituais, trazendo os ritmos da natureza e as verdades eternas para dispersar a ignorância e dar um real significado à vida. Na preparação do nosso encontro, meu Instrutor Interno partilhou comigo estes doze pontos:

1. Reconheça que em seu verdadeiro Ser há uma incansável força espiritual eletromagnética, sob a sábia orientação do Eu Superior ou da intuição da alma e de seu Anjo da Guarda, aberta à ajuda especial que está sendo irradiada para a Terra neste momento.
2. Considere por que, a partir de um nível superior, você escolheu e foi escolhido para este trabalho.
3. Reconheça a fascinante experiência que nos espera quando aprendermos a cooperar com os nossos "parceiros interiores": o Eu Básico, a parte subconsciente do nosso Ser, aquela parte de nossa consciência que estamos treinando com cada pensamento e sentimento (eu tenho um relacionamento muito feliz com o meu Eu Básico, a quem chamo de Kathrin), e aquele outro esplêndido parceiro, o radiante Eu Superior, o próximo nível superior de nossa consciência, conhecido por mim como o meu Instrutor Interno, que guia a personalidade e nos dá orientação através dos sonhos, dos lampejos intuitivos, bem como nos momentos de quietude consciente ou meditação.
4. Aprenda como regular o uso de seu veículo corpóreo, dando ouvidos ao Eu Básico, e proporcionando-lhe alguns minutos de folga quando necessário. Um breve momento de relaxamento concedido na hora certa pode desobstruir qualquer bloqueio.

5. Mantenha o propósito de sua vida bem claro e faça aquelas coisas que a direcionem para o propósito, abrindo mão do restante, de modo que não venha a minar sua energia. Isso propicia um imenso poder de concentração, com o amor e a alegria se manifestando em tudo o que você faz e trazendo felicidade, segurança interna e uma experiência gratificante.
6. O SOL interno — a luz da sabedoria e o calor do amor que transforma —, quando brilha igualmente sobre tudo e sobre todos, protege contra a absorção de vibrações negativas, ajuda-nos a enxergar as coisas dentro da perspectiva correta e a definir a atitude a ser tomada.
7. Há uma qualidade mágica em experimentar conscientemente uma atitude amorosa de aceitação de todos — em oposição à rejeição, crítica, discriminação ou reações negativas. Isso dá abertura ao poder protetor da luz e sabedoria, desfaz barreiras internas em situações e relacionamentos e estimula-nos a experimentar o perdão como um copioso fluir de bênçãos interiores.
8. Enxergar as pessoas como um estudo fascinante, sem reagir negativamente, também nos liberta para ver as coisas em perspectiva e ficar receptivos à melhor maneira de proceder quando ajudamos ao próximo. Nesse estudo também aprendemos muito sobre nós mesmos.
9. Em nosso interior existe um magneto que atrai para nós o que quer que irradiemos. Quando usado positivamente, ele atrai as melhores situações e tudo o que for necessário, em abundância. Essa energia eletromagnética pode ser auxiliada fazendo-se várias vezes uma inspiração profunda, que traz oxigênio para o corpo físico e energia espiritual para o etérico.
10. O corpo etérico é como um filme fotográfico muito sensível, sobre o qual todos os pensamentos, palavras e sentimentos, até mesmo os mais insignificantes, são impressos e depois revelados no corpo físico pelo subconsciente, que administra o corpo que estamos habitando. É importante que, conscientemente, imprimamos no filme a imagem que queremos ver revelada de modo que nos traga saúde, felicidade, bem como qualquer experiência de aprendizagem que esteja no nível da alma à espera de manifestação. Estamos conti-

nuamente treinando o nosso Eu Básico com tudo o que criamos em pensamentos.

11. Isso pode ser visto como reprogramação de nosso maravilhoso computador interno, de modo que ele venha a imprimir o que desejamos que seja o nosso programa na vida.
12. A vida é uma extraordinária aventura a ser desfrutada. Inspirados por nossa ligação com as energias superiores, podemos torná-la o que quer que escolhamos e, ao mesmo tempo, nos elevarmos através de seus desafios com gloriosa força e alegria interiores.

Enquanto eu reestudava esses pontos, senti o meu Eu Básico atraindo-me a atenção e soube que, para ter êxito na tarefa diante de mim, eu precisaria da sua cooperação. Foi importante reconhecer o seu imenso talento em cuidar do templo do corpo em que vivemos. Um dos seus talentos é saber onde todas as coisas estão. Certo dia senti uma urgência de arrumar em minha mesa e escrivaninha os muitos papéis e revistas ali acumulados. Conforme eu conferia meticulosamente os papéis, com a caneta ia fazendo observações para uma futura referência. Eventualmente procurei pela caneta no lugar onde a deixava toda a vez que a usava e não a encontrei. Estranho, pensei, enquanto tentava achá-la no meio dos papéis, onde poderia ter ido parar, mas ela não estava lá! Devia estar no chão, foi minha idéia seguinte e olhei embaixo da escrivaninha, usando até uma lanterna para poder enxergar nos cantos escuros, e nada da caneta! Talvez a tivesse levado para a cozinha quando fui tomar um pouco d'água, e lá fui ver, em mais uma tentativa para achá-la, mas ainda não foi dessa vez! Havia recomeçado a procurá-la no meio dos papéis, quando me dei conta de que estava desperdiçando muito tempo e energia.

Somente então foi que me ocorreu que talvez o meu Eu Básico soubesse onde estava a caneta. Relaxei por uns segundos e disse: "OK, Kathrin, eu me rendo. Ajude-me, por favor!" Inclinando-me para trás, enfiei minhas mãos nos bolsos do avental, dizendo: "Eu desisto!" Instantaneamente, a caneta estava em minha mão. De alguma forma, enquanto eu mexia nos papéis, ela deve ter caído dentro do meu bolso, onde nunca coloco uma caneta. Agradeci a Kathrin, dando-me conta das inúmeras vezes em que insistimos inutilmente numa coisa e, apenas com um pequeno esforço, quando aprendemos a confiar em nossos parceiros interiores e fazemos a entrega, a resposta está ali ao nosso alcance.

Soube também que nossa alma — ou Eu Superior —, com a ampla e abrangente visão de tudo o que ela tem em nossa vida, está ligada com outras almas para inspirar toda a ajuda que precisamos numa ação fascinante e sincrônica quando, de forma confiante, conseguimos nos sintonizar com o nível superior de nossa consciência. Onde nós moramos nas montanhas, não temos telefone, mas toda a vez que eu precisei enviar uma carta via fax para Nova York, para atender às exigências do inventário de meu filho, um amigo, que tinha um aparelho de fax na cidade, invariavelmente era inspirado a aparecer e fazia a transmissão para mim. Fico sempre surpresa quando isso acontece e uma onda de gratidão reforça essa ligação interna. Com parceiros interiores tão maravilhosos nunca estamos sós.

Algumas vezes meu momento de recolhimento era apenas um período de descanso e renovação e outras vezes, um elo de ligação entre o terceiro e o quarto níveis de consciência, com o presente e o passado entrelaçados, como quando tive o seguinte sonho:

> Com uma amiga, eu estava visitando um lugar na Suíça, quando nos aproximamos de uma casa nas colinas de uma cidadezinha onde eu havia morado. A proprietária, que estava trabalhando eu seu encantador jardim, olhou-me com surprêsa quando me viu. Ela nos saudou com um alegre sorriso, convidando-nos a entrar na casa, onde conversamos por alguns momentos. Em seguida ela desapareceu em outra área da casa. No sonho eu estava contando à minha amiga sobre minha vida nesse adorável lugar quando a senhora voltou trajando um vestido impecavelmente limpo e convidou-nos para o chá. Estávamos comentando sobre as bonitas peças de cerâmica que eu fizera enquanto morava lá, quando acordei.

Dei-me conta, então, de que nesse sonho o presente e o passado estavam sobrepostos. Como era possível que eu estivesse conversando com ela tão à vontade quando nenhuma de nós sabia falar a língua da outra? Haveria algum meio num outro nível não limitado por nossa consciência que nos permita a comunicação com facilidade? Seria essa a razão pela qual Ray conseguia se comunicar tão claramente com os jovens em Shadowland?

Em algum lugar no recesso de minha mente, eu parecia saber as respostas. Com certeza eu permanecia subconscientemente em meu corpo físico enquanto vivia essa experiência, tanto no sonho como em Shadowland. Sei que somos guiados por nossa alma durante o sono, ou quando meditamos.

Durante anos, desde que escrevi os livros *Uma Jornada Interior* e *Nossas Ligações com as Energias Superiores*,* quando as pessoas vêm conversar comigo em busca de orientação, tenho me dado conta de que basta que eu me descontraia e relaxe, para "ouvir" as respostas às suas perguntas, como se minha alma captasse da alma delas o ponto de suas necessidades, as respostas fluindo com facilidade sem que eu precise pensar. Muitas pessoas falam suficientemente bem o inglês para nos comunicarmos, mas quando é necessário que um intérprete passe a mensagem, a mesma energia parece inspirá-lo também.

Especialmente quando em meditação, posso perceber que estou consciente do nível da alma de uma maneira muito real, que me ajuda na comunicação com outras pessoas. Parece haver uma energia que flui através de nós, abrindo nossa consciência para a aceitação amorosa um do outro.

O contraste entre as duas correntes de energia, positiva e negativa a nível terreno, é muito parecido com o de Shadowland. Uma noite, uma mulher veio conversar comigo; sua atitude negativa era expressa em acusação, crítica e julgamento de outros, o que causava um atrito contínuo em sua vida familiar. Eu podia perceber que sua alma estava tentando desesperadamente comunicar-se com ela, buscando espaço e reconhecimento. Essa atitude era mais evidente ainda em contraste com a amorosa *radiância* da minha jovem intérprete, que com seu enfoque construtivo ajudou-me a despertar uma reação profunda de transformação na mulher que viera pedir auxílio, desafiando também a minha atitude.

Eu havia aprendido que um dos quebra-gelos em qualquer situação é imaginar a nossa própria aparência a partir do Eu Superior ou do nível da alma. Instantaneamente a cena muda e as coisas começam a entrar em perspectiva. Freqüentemente, o riso me invade quando vejo o quão ridícula eu pareço na maneira como estou reagindo. Há muitos anos, antes da era de viagens aéreas, eu cruzava o Atlântico num grande navio francês a vapor, quando encontrei um sábio homem que disse:

---

* Editora Pensamento.

"Para saber a importância de qualquer coisa, pergunte-se: 'À LUZ DA ETERNIDADE, O QUE ISSO IMPORTA?' — Coisas de verdadeiro valor realmente importam!"

Nosso principal trabalho interno nesse estágio é aprender a domesticar e a controlar o "cavalo selvagem" da mente, dos pensamentos e das reações, pois enquanto estamos fazendo isso, estamos também treinando o Eu Básico. Em virtude de o nosso Eu Básico não pensar ou raciocinar, ele segue as instruções que estamos lhe dando com cada pensamento, palavra ou sentimento. Quando os desafios da vida são bem enfrentados, a causa mais profunda dos mesmos é revelada. Nós sempre temos uma escolha de como enfrentarmos cada situação.

Kathrin, meu Eu Básico, em geral fica tonta e confusa quando me deixo apanhar numa espécie de "carrossel", onde fico repetindo inúmeras vezes em minha mente alguma tola tentativa de justificar um ponto. Preciso da sua ajuda especialmente na preparação para a meditação, ou para um período de quietude. Às vezes, digo: "Esse momento de quietude ajudará você a manejar o corpo em que estamos vivendo. Nós duas nos beneficiaremos com isso." Um dia, quando a "criança interior" do meu Eu Básico estava reclamando atenção, eu disse: "Olha, Kathrin, meu bem, preciso de um momento de quietude; portanto, vá brincar com seus brinquedos por alguns minutos; depois eu lhe darei atenção." Sua reação foi excelente. Mas o método mais eficaz de todos foi quando eu desenhei um simples diagrama, dizendo: "Veja, Kathrin, sua ligação com as maravilhosas energias do nosso Eu Superior é direta, enquanto eu tenho de abrir caminho em estado de quietude para fazer contato com as energias superiores e com o meu Instrutor Interno. Preciso da sua cooperação para fazer essa ligação."

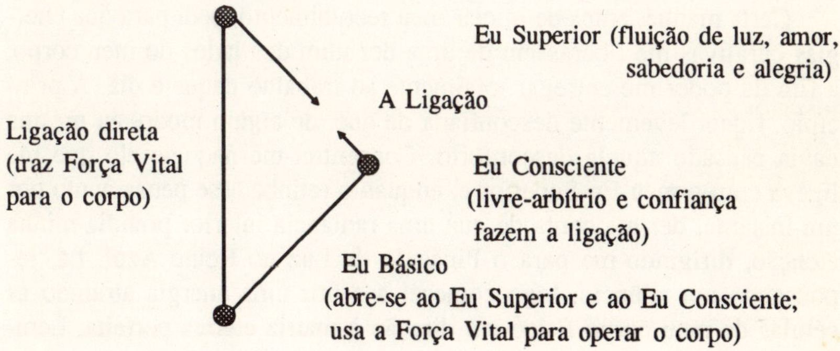

Quando entrei no Reino Azul em minha hora de recolhimento naquela manhã, Martreb deu-me mais informações a esse respeito. Ele explicou: "São as energias superiores, através dessa ligação, que transmutam todas as forças inferiores, como a luz solar dissipa a neblina num dia nevoento. Não existe outro meio de progredir, exceto através dessa ligação.

"O elo de ligação é feito quando você enfrenta as tentações e testes da vida, os interesses egoístas e padrões de procedimento, com o poder dessa luz interior e do amor que transforma. A cada teste bem enfrentado e alegremente superado, a ligação fica mais forte. O propósito para nossa vinda à Terra, neste momento, é também elucidado e a vida se torna uma grande aventura.

"Uma ligação muito especial também se faz quando, em sagrada e temporária custódia e com profundo amor, uma criança é concebida e o átomo permanente do corpo etérico, que contém o padrão vital completo, começa a se multiplicar como uma pequena semente que contém o potencial, o poder e a matriz de uma árvore completa com flores e frutos."

Com essa explicação, senti-me mais sintonizada com o trabalho positivo e construtivo tão urgente nos dois níveis: na terceira dimensão e na dimensão três e meia. Eles captaram o meu interesse e obtiveram de mim um compromisso cada vez mais forte de me esforçar para fazer essa ligação vital e me preparar bem para esse trabalho com fé, compreensão e amor. Durante esse período de preparação para o trabalho em Shadowland, diversas experiências e breves lições eram dadas para aumentar a confiança em minha capacidade de dar ajuda real com maior fé dentro da proteção do Grupo de Almas.

Certa manhã, antes de iniciar meu recolhimento, pedi para que energias curativas me liberassem de uma dor num dos lados do meu corpo, a fim de poder me entregar totalmente ao trabalho daquele dia. A princípio, fiquei levemente desconfiada de que, de algum modo, eu mesma havia causado aquela desconforto. Concentrei-me naquele elo que me ligava com o meu Eu Superior e, enquanto retinha esse pensamento por um instante, dei-me conta de que uma radiância interior prendia minha atenção, dirigindo-me para o Pináculo da Luz no Reino Azul. Lá, repousando em silêncio, logo comecei a sentir uma energia atraindo as células de meu corpo físico em direção à matriz etérica perfeita. Lembrei-me então que Kathrin, meu Eu Básico, tem uma ligação direta com o amor que flui na forma de cura através do meu Eu Superior. Ao pedir ajuda, eu havia desobstruído o caminho, permitindo a manifestação da energia, o que me fez passar pela dor rumo à libertação.

Nesse momento encontrei Martreb ao meu lado, dentro da potente Luz Azul, dizendo: "Quantas vezes você bloqueia esse fluxo natural de energia com pensamentos e sentimentos negativos que se abrem a vibrações destrutivas! Da mesma forma, uma seleção pouco sábia de comida e bebida pode desequilibrar o fluxo de energia superior. Sempre que solicita ajuda interna com fé, você abre caminho para as energias superiores de sua consciência maior; aí então os segredos da vida poderão lhe ser revelados. Há uma proteção superiluminada com amor e graça espiritual, sempre pronta a guiá-la."

Mais uma vez dei-me conta da singularidade de nossa individualidade eterna, que é vestida muitas vezes de personalidades tridimensionais temporárias em muitos ciclos de vida, até conseguirmos desobstruir bloqueios e ficarmos prontos para voltar à nossa Fonte. Conforme começamos a reconhecer quem somos, a individualidade se torna mais clara e forte e também mais uma parte da inteireza de toda a vida, recolhendo tesouros para levar de volta ao Lar do qual viemos.

Algumas manhãs mais tarde, eu estava sentada tranqüilamente, quando vi um brilhante facho de luz azul-violeta que significava a minha entrada em consciência no Reino Azul. Através dessa abertura energética, senti-me novamente atraída ao Pináculo de Luz onde percebi a presença do Mestre desse reino de sabedoria e amor. Em poucos momentos ele apareceu em seu radiante manto de safira, que com esplendor refletia uma miríade de luzes. Serenamente ele me cumprimentou e me levou a uma sala cheia de luz numa torre, de onde pude vislumbrar o futuro do mundo com as pessoas de coração bondoso. Isso me deu uma sensação de profunda gratidão e paz. Exclamei: "Que tesouro magnífico!"

Enquanto eu ficava ali sentada absorvendo a beleza e a paz dessa cena, logo percebi Martreb perto de mim se deleitando também com esse momento de descanso incomum em suas contínuas atividades. Quando ergui meus olhos para ele, Martreb disse: "Sentimos que você precisava de um lugar onde pudesse vir de vez em quando em sua quietude para se manter sintonizada com as energias de paz e renovação.

Aqui você poderá se libertar das fortes pressões causadas pelas situações desafiantes que está registrando. Isso contrabalançará as áreas sombrias que terá de enfrentar em Shadowland."

Conforme eu me descontraía, acolhendo tranqüilamente as ondas de cura de cores vibrantes e as energias restauradoras, senti uma profunda gratidão por esse adorável e inesperado presente. Quando me voltei para lhe agradecer, descobri que esses instrutores especiais tinham me deixado a sós para repousar. O trabalho que minha alma me instava a fazer se tornou mais precioso e digno de esforço em minha vida, quando me dei conta de que era reconhecido com amor e atenção por esse radiante Mestre do Grupo de Almas. Meu compromisso estava recebendo apoio e sendo renovado e fortalecido.

Retornei dessa hora de quietude muito especial com maior confiança, clareza mental e disponibilidade para a tarefa que me aguardava.

Capítulo 7

O desafio de aceitar a singularidade

Às vezes eu conseguia entrar facilmente no Reino Azul, deixando meu corpo físico em repouso enquanto, conscientemente, juntava-me ao Grupo em qualquer coisa que estivesse fazendo no momento. Mas, outras vezes, eu sentia uma real relutância em deixar o meu seguro mundo tridimensional e lembrava-me de minha mãe que jamais aceitaria arriscar sua vida num avião. Ela diria, fazendo trocadilho: "Acredito em *Terra Firme* — quanto mais *firme*, menor o *terror*!" Portanto, amiúde eu preciso de tempo para me livrar de resistências ocultas, indo primeiro à pequena Capela de Jacarandá,* para me sintonizar com as energias superiores perante o seu pequeno e encantador altar. É uma experiência maravilhosa sentir a profunda paz no corpo etérico de minha alma enquanto me preparo para o que quer que o dia possa trazer.

Certa manhã, depois de algum tempo na Capela, senti-me alçada em meu corpo etérico numa coluna de energia — algo semelhante a estar num elevador. Isso me levou a uma poderosa área de cura onde Martreb estava reunido com o Grupo. Enquanto eu me sentava tranqüilamente para escutar, sentia que devia deixar a mente livre a fim de não restringir a participação de minha alma. Algum sistema extraordinário de comunicação parecia ocorrer. O Grupo estava profundamente absorto em algum estudo ou solucionando uma situação desafiadora.

"Por que", perguntava a mim mesma, "teria eu sido trazida para esta área apenas para ser mantida longe das atividades?" Logo a seguir,

---

* A Capela de Jacarandá é um espaço simbólico de um nível de consciência que surge pela primeira vez no livro da mesma autora *Nossa Ligação com as Energias Superiores*, Editora Pensamento, São Paulo, 1988.

porém, fui levada suavemente para um período de paz e de energias de cura, retornando à consciência exatamente no momento em que a sessão estava se encerrando.

Ver Martreb com o Grupo me fez recordar de uma estranha experiência que me deixara intrigada anos atrás. Meu marido me levou a um encontro com um grupo de pessoas que se reunia periodicamente para discutir avançados assuntos metafísicos. Um pouco antes de entrarmos na casa, ele se virou para mim e disse: "Sara, nesta noite haverá momentos em que você simplesmente não conseguirá prestar atenção nem ouvir certas coisas. Por favor, não deixe que isso a perturbe. Você ouvirá tudo o que estiver preparada para ouvir."

"Pois sim!", pensei, "não vou perder nada!" Bem, para minha grande frustração, diversas vezes naquela noite descobri-me voltando à consciência bem na hora em que ocorria uma mudança de assunto. Então, ao se encerrar a sessão, Martreb deu-me as boas-vindas e perguntei-lhe se ele teria tempo para responder a uma pergunta. Serenamente concordou. "Que energia é essa aqui, esta manhã, que parece tão diferente?", perguntei. "É algo que jamais senti!"

Ele respondeu: "Você não foi incluída nessa parte do trabalho antes, mas achamos que agora poderá tomar conhecimento da rede que interliga os que estão trabalhando em equipes de socorro por toda a Terra. Os desastres que afetam milhões de pessoas em muitos países e que requerem um enorme trabalho de salvamento são refletidos e sentidos em Shadowland. A um nível superior, existe uma interligação na qual nos sintonizamos com o Plano Superior, de uma maneira que você poderia chamar de telepática."

"Os desastres na Terra causam a escuridão nas áreas sombrias de Shadowland?", perguntei.

Sua resposta ajudou-me a entender um pouco mais. "Não é uma escuridão como a que você conhece no mundo físico. Dentro do Raio de Luz Azul você poderá sentir a intenção e os sentimentos de muitos que estão perdidos e apavorados, vagando sem esperança por não saberem que a vida é eterna e que, portanto, continua. Eles foram derrotados na sua tentativa de escapar da vida e estão desconfiados, o que, de certo modo, é uma proteção lá, já que são tão vulneráveis. Mas existe verdadeiramente uma profunda interação entre os níveis inferiores de consciência na terceira dimensão terrena e as vibrações mais pesadas de Shadowland."

Quando indaguei por que as vibrações eram tão baixas lá, Martreb explicou: "Trata-se em parte de um reflexo do mundo neste momento, onde muitos não têm nenhum propósito sagrado na vida a inspirá-los. Eles estão totalmente ignorantes de quem realmente são, sem a menor idéia dos recursos ocultos que têm dentro de si mesmos. Esses recursos esperam apenas que eles façam uso de seu livre-arbítrio, pedindo ajuda e orientação interna com a mente e o coração abertos. Por causa do livre-arbítrio, isso não pode lhes ser imposto a partir dos níveis superiores. É por isso que o mundo está num grande caos. Presos nas armadilhas dos centros inferiores de consciência, eles se entregaram ao vício do dinheiro, das sensações e da manipulação das pessoas." Enquanto eu pensava naqueles que estavam assim aprisionados, senti um peso [lá dentro de mim] e perguntei: "As lembranças desses vícios são levadas para Shadowland com eles?"

Martreb explicou: "As magníficas energias vitais de um ser humano estão no corpo etérico e não nos elementos materiais que compõem a forma física. Por isso, a vida continua após o corpo material ser deixado, levando consigo essas mesmas memórias e impulsos até que alguma centelha de luz possa abrir caminho para que sejam redimidos."

"Suas almas podem ajudá-los?", perguntei.

"Exatamente da mesma maneira que elas podem fazê-lo enquanto estão em seu corpo físico", ele replicou. "Tendo livre-arbítrio, que usam para satisfação de sua personalidade confusa, a ajuda raramente é procurada. No entanto, ela está pronta para se manifestar sempre que eles conseguem se lembrar quem são e que existe uma Luz bem definida que os liga ao nível superior de sua consciência. Essa centelha de Luz nos conecta ao nível da alma, alertando-nos para solicitar ajuda. Esse **é o elemento intuitivo que está sendo desenvolvido em toda a humanidade neste estágio de sua evolução.**"

Eu me dei conta do quão maravilhosamente a intuição de minha alma, interligada com outras almas, tinha reunido tudo o que era necessário em perfeita sincronicidade. Tornou-se claro para mim que a confiança absoluta na intuição da minha alma era essencial.

Nesse momento surgiu-me na mente a lembrança da ocasião em que, conscientemente, senti a energia superior se manifestando para me livrar de uma situação crítica. Na minha primeira visita ao Brasil, alguns amigos me perguntaram se eu me disporia a ir a uma cidade distante para falar a dois grupos. Quando levei essa proposta para estudo em minha hora de quietude, recebi um "SIM!" muito claro. Portanto, concordei, imaginando que seria um pequeno grupo íntimo. Quando cheguei a Belo Horizonte e entrei no recinto para encontrar o primeiro grupo, vi-me repentinamente enfrentando uma audiência de 300 pessoas! Num momento de pânico fechei os olhos e disse para o meu Eu Superior: "Olhe, você me meteu nisso! Você tem de fazê-lo!" Uma onda de paz me envolveu conforme eu escutava uma voz confiante falar a partir do meu íntimo. Senti que minha alma estava se coligando com as almas das pessoas da platéia e trazia justamente o que elas precisavam ouvir. Essa experiência me levou à aceitação do Brasil como o meu lar.

Interrompendo meus pensamentos, Martreb, que tinha se calado por um momento, continuou: **"O seu papel nisto é extraordinário por causa da mensagem que precisamos enviar para romper as barreiras da ignorância que existe acerca da continuidade da vida em diferentes níveis de consciência."**

Saí dessa experiência compreendendo a eficiência com que a intuição de minha alma estava guiando minha vida, interligando-se com outras almas afins, que estavam se ajudando mutuamente de tantas maneiras. Isso se confirmava através de constantes encontros aparentemente casuais com as pessoas certas, no instante certo, ou nas muitas vezes em que alguém me enviava o livro perfeito para uma necessidade específica do momento em que o recebia. Senti uma abundância de amor, alegria e segurança interna enquanto começava meu dia.

* * *

Certa manhã cheguei ao Reino Azul para encontrar o Grupo reunido sob uma brilhante luz, partilhando idéias de como atingir e despertar alguns dos jovens mais refratários, que estavam prejudicando a si mesmos e a outros em Shadowland. Um imenso amor e compreensão eram necessários para ajudar esses jovens a reconhecer o anseio e a busca pelo significado da vida que estava profundamente oculto dentro deles. Vimos que eles estavam existindo no mesmo nível de frustração que tinham experimentado em sua existência terrena, em seus corpos físicos.

As palavras **"No mesmo estado em que se morre, a gente se encontra do outro lado"** colocaram-me face a face com a necessidade de alertar os jovens contra os perigos ocultos aos quais estão espantosamente expostos nesta hora em nosso planeta.

Muitos estavam jogando fora o seu poder pessoal, tornando-se escravos de drogas, sensações, sexo e atitudes negativas, e se transformando em zumbis ao abrirem brechas para serem facilmente manipulados.

Um dia antes eu havia lido uma reportagem sobre um garoto que fora de bicicleta a uma reunião de escoteiros e que desaparecera. Quando o encontraram, ele tinha sido molestado sexualmente, torturado e deixado à morte. Ele morreu algumas horas mais tarde num hospital. O irracional assassino, com uma ficha policial de atrocidades cometidas, era um condenado que estava em liberdade condicional. Com horror, eu compreendi que o que estava sendo revelado a mim era inquestionavelmente verdade. Certas pessoas que se acham vulneráveis perdem todo o senso de valores quando começam a ser possuídas por entidades escuras que, através delas, cometem os crimes mais hediondos.

Aura, que estava ao meu lado, disse: "A juventude está perdendo uma magnífica aventura pronta para ser vivida através de sua consciência, oriunda de uma parte mais elevada de seu Ser, com poderes internos tão importantes quanto foi a descoberta e o uso da eletricidade para o avanço da tecnologia na Terra. Por milhares de anos a eletricidade existiu dentro das pessoas e ao seu redor, mas somente no último século e meio é que o seu uso tem sido revelado."

Vi então que, exatamente da mesma forma, a nossa energia elétrica interna espera que a descubramos e aprendamos a usá-la enquanto grandes mudanças se apresentam e nós iniciamos um novo milênio.

"Quando éramos crianças", falei, "muito antes da era do plástico, gostávamos de fazer o seguinte experimento que nos deixava bastante intrigados: Passávamos um pente de metal nos cabelos e depois, ao encostá-lo no pulso, sentíamos um pequeno choque e víamos um lampejo de luz parecido com um minúsculo relâmpago no céu. Nós tínhamos descoberto a eletricidade em nosso corpo."

Pensei nos milhões de pessoas que permanecem vivas e alertas às energias superiores dentro de seu Ser maior, sabendo que criarão um novo mundo, revelando oportunidades jamais sonhadas. Elas podem ajudar outras a despertar de seu sono entorpecido para flexionar seus músculos mentais e permitir que o poder oculto dentro de si seja libertado.

Vi que alguns são como pessoas num quarto escuro tentando empurrar a escuridão com sua mente e suas mãos. Eles estão apalpando seu caminho, sem conhecer o próprio poder — a luz do sol que dispersaria a escuridão da negatividade e do medo. É que a luz e o calor internos do amor revelam a magia da visão nítida, dos grandes mistérios e das leis naturais da vida.

Repentinamente fui acordada do meu devaneio pela entrada de Martreb. Ele se dirigiu diretamente a mim e perguntou: "Sabe por que o trabalho em Shadowland é tão vital e importante?" Surpresa, respondi: "É para ajudar esses jovens que estão encerrados naquele lugar terrível pelo resto de suas vidas terrenas. É para protegê-los, não é?"

Sua resposta me chocou enquanto ele explicava: "Existe uma razão maior e muito mais aterradora, e é por isso que tantos jovens na Terra estão se tornando vítimas do poder das drogas, da sensação e do crime. Exércitos de gente jovem estão sendo treinados em Shadowland para procurar e possuir os corpos de **adolescentes vulneráveis na Terra,** através de drogas, álcool ou de alguma experiência traumática, e empurrá-los para o vício e o crime para, por último, tentarem o suicídio e assim aumentar o número de escravos em Shadowland. Nossa preocupação é acabar com esse tráfico de escravos, prevenindo os jovens na Terra sobre esse trágico perigo. **Nosso principal desafio é ajudá-los a descobrir o seu grande potencial.**"

Voltei dessa experiência desejando ter a capacidade de escrever um livro ou uma peça teatral com suficiente impacto, que realmente ajudasse os adolescentes a terem, pelo menos, uma oportunidade e escolha justas.

Capítulo 8

Minha primeira visita a Shadowland

Existem algumas experiências que estão acima do pensar, que trazem para nós o poder do conhecimento intuitivo ou uma clara mensagem íntima de grande importância. Com freqüência minha mente racional questiona o que estou captando, apenas para mais tarde ver essa experiência claramente comprovada. Quando fraturei a rótula e fui engessada, sentia como se meu joelho batesse contra uma parede de pedra toda a vez que eu me mexia. Naquela noite sonhei que um(a) amigo(a) e eu estávamos procurando uma ferramenta para cortar o gelo de um lago onde eu costumava ir patinar quando jovem. De manhã senti um impulso irresistível de fazer um buraco no frio gesso ainda úmido, que lembrava o gelo branco do lago, a fim de aliviar meu joelho sem interferir em sua imobilidade. Minha mente, entretanto, continuava a me advertir que o pessoal da clínica é que sabia o que era melhor para mim. Finalmente, conforme o sonho persistia em minha mente, pedi a um amigo que fizesse um buraco no gesso. Mais tarde o médico especialista, ao qual fui levada, me disse: "Você tomou uma decisão muito sábia quando fez essa abertura no gesso."

Quando a experiência em Shadowland começou a se introduzir em meu período de quietude, minha mente oferecia grande resistência a qualquer coisa assim tão incomum. Depois, dois livros* que me foram enviados mais ou menos na mesma época confirmaram a realidade desse trabalho que era tão urgentemente necessário. Comecei a compreender

---

* *Secret Truths*, de Virginia Essene e *O Mago de Strovolos*, de Kyriacos Markides, Editora Pensamento, São Paulo, 1990.

que a escrita que se manifestava em meu período de recolhimento era um relato de minha experiência, real demais para ser negado. Mais tarde, quando se tornou claro o propósito e a premente urgência dessa ajuda, eu simplesmente aceitei e a escrita passou a fluir mais facilmente sem grande esforço.

Sentia gratidão por Kathrin (meu subconsciente) acordar-me na mesma hora toda manhã cedinho. Ela usava diferentes métodos para atrair minha atenção — às vezes era com um sonho, vendo um relógio em minha mente, ou ouvindo uma campainha. Eu nunca usava um despertador, mas simplesmente confiava nessa encantadora parceira interna com seus ritmos naturais. Isso me preparava para o momento de quietude que muitas vezes se estendia por duas ou três horas durante a época do registro dessa experiência.

Certa manhã senti uma sensação de peso que me mantinha presa à terra e me perguntei o que poderia estar causando isso. Afinal compreendi que era provavelmente a relutância em aceitar a responsabilidade por essa tarefa que me estava sendo apresentada. Quando fui capaz de me descontrair e concentrar na adorável Capela de Jacarandá, ascendi em sua radiância. Aura estava lá para me receber, sugerindo que eu descansasse alguns minutos, numa preparação para o trabalho do dia. A seguir a Luz Azul me libertou para eu ficar consciente dentro da maravilhosa segurança de minha alma.

Ao me sentir ajustada às energias superiores, passei para a área de cura do Grupo, onde descobri que um plano havia sido elaborado para o meu treinamento. E conforme a nossa atenção se concentrava em Shadowland, era como se eu estivesse assistindo a um drama na televisão. No amplo visor pude ver Martreb e três outros do Grupo de Almas se aproximando de uma densa área, com o potente Raio de Luz Azul a protegê-los. Eles tinham ido socorrer alguns jovens que, a despeito de estarem cercados por baixas vibrações, esforçavam-se por se manter imunes a seus efeitos. A visão de toda aquela ação e a energia do Raio Azul me deram confiança e me ajudaram a entender o quão vital era esse trabalho. Foi-me demonstrado claramente que, sem esse trabalho de resgate ou algum tipo de ajuda, aqueles aprisionados na área não conseguiriam romper as barreiras criadas pelas entidades que, com intenções insidiosas, estavam tentando controlá-los.

Conforme a equipe de resgate alcançava o pequeno grupo, podíamos perceber o alívio dos moços ao sentirem que seu chamado por socorro e suas preces estavam sendo atendidos. Vimos Martreb dirigir o raio de luz sobre eles e, na proteção da Luz Azul, passaram rapidamente através das barreiras para o Teatro Hubert. Observando essa ação lá de cima, lembrei-me da operação de uma ambulância em serviço de socorro. Eles foram levados a uma área especial onde um excelente auxílio lhes foi prestado por alguns dos primeiros chegados a Shadowland, que tinham sido bem treinados, assumindo um compromisso com o trabalho. Eu sabia que estava testemunhando um serviço para o qual não sentia estar pronta, mas que respondia a uma pergunta que há muito eu me fazia sobre o trabalho que Martreb e o Grupo de Almas executariam durante o tempo em que eu não estivesse em recolhimento, sintonizada com eles.

Fiquei a imaginar se a sensação de peso que eu sentira essa manhã seria também parte do meu treinamento, testando-me para ver se eu era ou não capaz de alcançar o Reino da Luz Azul quando vibrações pesadas pareciam me deter. Enquanto eu me achava sentada em silêncio, ouvi palavras vindas do passado, numa ocasião em que me preparava para entrar num túnel escuro: "Nunca olhe para trás. Olhe firmemente para a frente e lembre-se da Luz. Não fale se você estiver dentro das energias sombrias de um pensamento ou reação negativos."

Quantas vezes as sábias palavras de alguém haviam ajudado em minha disposição de aprender, revelando um conhecimento interior que sustentava uma realidade para mim. Quanto eu poderia partilhar com aqueles que ficaram presos nas áreas lúgubres de Shadowland! Com serena confiança eu sabia que estava sendo preparada para esse trabalho que exigiria uma postura firme na luz, clareando as limitações e o meu propósito na vida.

Conforme eu voltava à consciência de meu corpo, meu Eu Básico insistia comigo sobre a necessidade de um repouso extra naquele dia, já que o dia anterior se constituíra numa partilha contínua com várias pessoas do centro.

* * *

Em recolhimento, cedinho na manhã seguinte, encontrei Martreb na radiante luz da Capela de Jacarandá. Ele me cumprimentou com as seguintes palavras de boas-vindas: "Uma grande aventura a aguarda esta manhã!" Fiquei sabendo que, cercada pela proteção de outros, iria fazer minha primeira visita a Shadowland.

Três seres do Grupo de Almas tinham vindo em sua suave luz dourada para ir conosco. Eles haviam selecionado um lugar de onde um chamado desesperado os alcançara. Mesmo dentro da maravilhosa proteção dessas Almas Especiais eu experimentei uma curiosa combinação de sentimentos: uma certa apreensão ao pensar na área sombria na qual estávamos prestes a entrar e, ao mesmo tempo, meu espírito de aventura exultava por eu ter sido finalmente considerada forte e centrada o suficiente para ajudar no resgate de adolescentes que estavam em real perigo. Tentei relaxar e confiar em minha alma enquanto nos movíamos rapidamente em direção à área obscura. O Raio de Luz Azul e a luminosidade de nossos corpos se estendiam por uma longa distância e logo atraíram muitos daqueles que haviam pedido socorro. Eles se aproximaram animadamente. Ficamos sabendo que nos primeiros dias nessa região eles tinham se encontrado, partilhado a sua frustração e se dado apoio mútuo, mas haviam também experimentado uma pressão que ia se tornando cada vez mais forte, e não conseguiam entender o que acontecia com eles. Em qualquer direção que tentasse ir, deparavam com uma área escura e tinham de voltar. Isso os amedrontava.

Calmamente Martreb lhes assegurou que nós podíamos ajudá-los. Suas perguntas revelaram a sua maior preocupação, que era a de terem se descoberto ainda conscientes quando esperavam ter terminado suas vidas ao deixarem seus corpos físicos. Martreb explicou: "Cada um de nós é um eterno ser consciente que tem, vezes seguidas, expandido uma parte de sua consciência até a Terra num corpo físico para cumprir um determinado propósito. Ao terminar prematuramente a sua estada na Terra, vocês se tornaram vulneráveis, aprisionados nesse lugar intermediário até a hora da liberação normal de seu corpo na terceira dimensão."

Martreb falou-lhes sobre a magnífica linha de Luz que sempre os havia ligado com o seu nível superior de consciência. Exatamente no momento em que falava, o Raio de Luz Azul se intensificou e brilhou sobre eles. Sob essa luminosidade cada um pôde ver a encantadora Luz que os ligava com o corpo etérico de sua alma. Foi então que eles também viram a minha linha de Luz ainda ligada ao meu corpo físico. Reconhecendo que não tinham mais essa ligação, eles ficaram intrigados e um deles perguntou: "Como é que você pode estar aqui e ao mesmo tempo estar ligada com o seu corpo físico?"

Eu expliquei: "Cada um de nós tem um corpo duplo — o material e o etérico. Por causa da minha atenção amorosa e desejo de ajudá-los, concordei em vir aqui numa energia etérica." "Você não tem medo de ficar presa como nós?", perguntou-me uma garota. Pensei no profundo terror que eu tivera desse local algumas semanas atrás e disse: "Há pouco tempo eu estaria com medo e totalmente despreparada para vir aqui, mas recebi uma ajuda especial para aprender sobre o poder que todos temos dentro de nós esperando ser descoberto."

Havia uma atenção profunda quando a mesma pergunta era feita por vários deles: "O que é esse poder como podemos descobri-lo?" Respondi: "Como uma pequena semente de maçã que contém a matriz, o potencial e o poder de uma grande árvore inteira, nós temos dentro de nós um potencial que está esperando por surgir e revitalizar nossa vida, independentemente de estarmos na terceira dimensão ou aqui em Shadowland. A chave para isso é o uso do livre-arbítrio."

"Como podemos aprender a usar o nosso livre-arbítrio da maneira correta?", eles indagaram e eu respondi: "Bem, nós temos três opções: Podemos usar o livre-arbítrio para lutar contra essa força interior e acabar atropelados pela vida; podemos apenas flutuar à deriva em mediocridade, perdendo a nossa oportunidade; ou podemos aprender a nadar a favor dessa correnteza poderosa da força vital interna e cooperar com a energia que está fluindo através de nós. Esse espírito criativo desenvolve a segurança, felicidade e sabedoria internas e uma alegria de viver. Mas, devido ao meu corpo terreno, a experiência de vir aqui somente foi possível porque, dentro do corpo sutil de minha alma, eu fico totalmente protegida pelo Grupo de Almas e pelo Raio de Luz Azul, que está nos iluminando intensamente agora."

Em seguida, Martreb informou-os sobre a oportunidade que tínhamos a lhes oferecer, ajudando-os a ir para uma área protegida onde poderiam aprender a usar seus talentos, assim como auxiliar a outros que estivessem nessa mesma estranha e confusa situação. Com entusiasmo eles aceitaram e pediram para vir conosco. Martreb conduziu-os através das barreiras de sombrias e pesadas vibrações até que chegamos a uma magnífica área de Luz, onde Ray e Hubert os acolheram calorosamente. Podíamos sentir o seu tremendo alívio no momento em que nos agradeciam por atendermos ao seu pedido de socorro. O pequeno grupo de jovens que estava criando uma peça teatral se aproximou e levou os recém-chegados para dentro do teatro, respondendo às suas mais variadas questões e aceitando-os com facilidade.

Ray me cumprimentou e me agradeceu por ter ido. Eu estava imaginando que atração era essa em relação ao teatro que causava um interesse tão profundo nesses adolescentes e perguntei: "Por que o teatro é tão importante aqui? Nesses centros o teatro parece ser o coração do trabalho." A resposta de Ray esclareceu que, ao longo de toda a história, as artes cênicas mantiveram a visão viva para as pessoas e explicou: "Tradições, cultura, valores, ritmos e segredos da vida têm passado de geração a geração através do hábito de contar histórias, de falar sobre mitos e lendas, da representação teatral e da dança. O alcance total do teatro, com o estudo de personagens, representação de papéis diferentes e encenação, abre-se para um entendimento mais claro e profundo da vida, e certamente de uma maneira fascinante e não-ameaçadora. Eles estão aprendendo a se expressar e a fazer experiências com os sentimentos, que são muito mais sutis e sensíveis neste nível.

"O teatro lhes dá a oportunidade de usar sua habilidade criativa no desenvolvimento de peças que ajudem a outros, e também para eles mesmos experimentarem os papéis. No passado, a maioria deles se limitou a assistir outros representando na televisão, enquanto aqui estão experimentando eles próprios os papéis. Isso desenvolve a percepção e sensibilidade aos sentimentos alheios e aumenta a confiança nas suas habilidades."

"Todos parecem estar se saindo excepcionalmente bem", observei. "Existe algum método especial que os auxilie a superar suas limitações?" "A primeira coisa que eles aprendem é a importância de apoiarem totalmente uns aos outros no grupo." Ray disse: "Dentro da proteção que esse apoio oferece, eles conseguem reviver sua experiência ao virem para as devastadoras paragens de Shadowland. Isso lhes permite mergulhar dentro de uma ampla variedade de sentimentos, tais como frustração, perda, medo, assombro. Quando expressam o alívio que sentiram no momento em que veio o socorro e foram resgatados, isso os inspira a se prepararem para ajudar outros que ainda estão perdidos. Existe um outro elemento vitalmente importante aqui. À medida que gradativamente começam a aceitar a própria realidade e a focalizar sua atenção no auxílio aos demais, eles se abrem de modo mais completo para as magníficas qualidades do seu Ser maior. Ao penetrarem no mistério que está clamando por atenção bem no seu íntimo, eles começam a se conectar com o fluxo de auxílio que está sempre à sua disposição a partir dos níveis superiores da própria consciência.

"Aos poucos que são suficientemente afortunados para alcançar o centro de Luz, é relativamente fácil aceitar a realidade de que a vida continua além da limitação do corpo físico. Muitos, entretanto, tinham no passado suas mentes e corpos presos a um trabalho monótono, fatigante e complicado, além de estarem arraigados a hábitos, pressões, ilusões e crenças, que eram na verdade um meio de evitar o verdadeiro significado da vida."

"Eles são todos tão diferentes! Eles se encaixam em algum tipo de modelo aqui?", perguntei. Senti a sabedoria que estava sendo empregada ao ouvir a resposta de Ray: "Cada um está num grau diferente de freqüência vibratória que se torna aparente quando experimentam papéis diferentes, o que nós os encorajamos a fazer. É possível sentir a profundidade de seus relacionamentos conforme eles representam primeiro o papel do pai e depois o do filho e isso pode ser muito revelador na abertura existente neste nível de consciência, onde pensamentos podem falar com mais poder do que palavras. É uma experiência tremendamente importante que eles logo aceitam com interesse e prazer."

Enquanto Ray falava, eu senti que essa gente jovem estava sendo preparada para o próximo estágio em seu desenvolvimento de uma maneira surpreendente. Ray captou meus pensamentos, dizendo: "Pode ser uma surpreendente experiência para eles quando, nessa abertura, a sabedoria do nível superior de sua consciência se manifesta num papel que estejam representando. É por isso que escolhemos o teatro como o coração desses centros de Luz."

Lembrando do trabalho de teatro avançado na Rússia, país que Ray tinha visitado em diferentes ocasiões no passado, perguntei: "As companhias teatrais russas foram uma inspiração para você no desenvolvimento dos centros de teatro aqui em Shadowland?" Sem hesitação, ele respondeu: "Sim, definitivamente! Existem muitas companhias teatrais de sucesso nos lugares que visitei: Moscou, Leningrado... e aqui eu visualizo a criação de muitos outros centros de teatro numa base contínua. É uma excelente preparação para o futuro, onde esses jovens podem se desenvolver e ajudar os outros. A carência é tão premente nas vastas áreas desse plano espiritual..."

Aura, que esteve ouvindo em silêncio, perguntou: "Haverá diferentes tipos de ênfase nos centros teatrais aqui?" "Oh, sim!", Ray confirmou: "Temos diversos planos excelentes para atender às necessidades de diferentes agrupamentos ou àqueles com desafios especiais. Eles já estão sendo selecionados para descobrirmos suas necessidades e depois serem conduzidos aos grupos onde a melhor assistência possa lhes ser dada. No primeiro centro estamos aprendendo as necessidades básicas estruturais, o grau adequado para se obter uma resposta desses moços e, com essa base, podermos começar a atender às exigências específicas mais facilmente." A seguir, ele perguntou se eu poderia me programar para voltar e ver a estréia de uma peça especial, quando ficasse pronta. Isso me fez lembrar a ocasião em que voei do Rio de Janeiro a Minnesota, nos Estados Unidos, para a noite inaugural de sua produção *A FLAUTA MÁGICA*. Com um sentimento de alegria, entusiasticamente concordei.

Com todas as providências seguramente tomadas, voltamos para o Reino Azul onde eu comentei a respeito do amplo alcance de resposta dos jovens resgatados. Martreb me estudou por um momento como se ele se questionasse sobre o quanto poderia me ser revelado, e então, finalmente, disse: "Você viu apenas o melhor e não tem a menor idéia das terríveis condições, do caos e do sofrimento de muitos milhares de seres numa área bem mais vasta, entre a terceira e a quarta dimensões. Seu trabalho é somente com aqueles que têm chance de oferecer alguma reação ou que estejam abertamente pedindo ajuda."

Pude ver que iria necessitar de um fortalecimento interno maior para executar esse trabalho e uma grande disciplina durante a meditação e períodos de quietude. Em meu regresso fiquei surpresa ao encontrar Kathrin em estado de intenso júbilo, com um sentimento de êxito por ter-me liberado para essa experiência.

Capítulo 9

"A vida continua": A maior história de um jornalista

"Foram apenas três dias, mas eles me trouxeram as maiores revelações de toda a minha existência."

As palavras me assustaram, já que não pareciam vir de lugar algum em minha hora de recolhimento. A seguir, percebi a Luz Azul sobre mim. Como num sonho, comecei a me dar conta de que estava consciente em dois níveis diferentes ao mesmo tempo. Logo me descontraí e, segura e conscientemente, deparei com Martreb em Shadowland. Ele havia se aproximado de um velho que sofria e que tentava compreender onde estava. Enquanto ouvia a conversa deles, perguntava-me sobre a razão dessa maneira incomum de me trazer para essa área.

"Como você veio parar neste lugar?", perguntou Martreb, e o velho respondeu: "Eu estava num sofrimento extremo devido a uma doença incurável. Um homem que queria me auxiliar, a meu pedido, deixou ao meu alcance uma dose de substância letal que eu tomei para terminar com a minha dor; mas depois me descobri aqui com a mesma dor terrível de antes. Eu podia ver meu corpo físico ainda na cama, frio e sem vida. Tudo isso é tão estranho, inacreditável! Durante três dias eu tenho visto tantos jovens perambulando por aí, perdidos, amedrontados, ressentidos, irados, enfim, com uma gama inteira de emoções. A história básica é a mesma: sua vida tinha se tornado insuportável e pensaram que poderiam escapar, porém se encontram numa situação ainda pior." Fez uma pequena pausa e depois continuou: "Eu era jornalista e jamais me deparei com uma história tão fantástica, com tal profundidade de miséria humana. Meu interesse por aqueles que conversaram comigo tem sido grande, mas descobri uma coisa estranha. Muitos dos que têm se aproximado de mim apenas falando, têm recebido consolo. Alguns me disseram: 'Sinto-me melhor porque você se mostra interessado em ouvir. Você realmente se importa comigo!' É fascinante que enquanto os ouvia e os questionava, da mesma maneira como normalmente faço numa entrevista, eu esquecia minha dor."

Perguntei-lhe: "Qual é a história mais importante que você escreveria?" Sua resposta foi imediata: "A VIDA CONTINUA ININTERRUPTAMENTE! Acima de tudo, isto é muito importante para as pessoas saberem: a incrível existência deste lugar cinzento. Somente após muitos terem falado comigo foi que descobri que todos ao meu redor tinham tirado a própria vida, cometido suicídio." Ele ficou em silêncio por alguns momentos e depois perguntou: "O que acontece aos outros que morrem normalmente? Que lugar é este aqui? O que está acontecendo comigo?"

Martreb gentilmente abraçou o homem e respondeu: "Tudo isto ficará mais claro para você nos próximos instantes. Você estava tão perto da hora marcada para a sua morte, ou seja, para a libertação natural de seu corpo físico, que essa hora já chegou."

Um Ser maravilhosamente iluminado, que pressenti ser o seu Anjo da Guarda, mantinha-se ao seu lado e pude ver o seu corpo etérico envolto em Luz ser liberado das vibrações de Shadowland.

Martreb voltou-se para mim e disse: **"É sua tarefa escrever a história dele."** Num momento extraordinário, senti-me arrebatada no que eu chamaria de "O Desafio", que era o trabalho de minha alma. Sem dar-me tempo para questionar, Martreb continuou: "Torne a mensagem tão clara que todo o mundo fique sabendo que não há como escapar do plano divino para a vida, não importa quanto tempo se possa levar para despertar e honrar o compromisso que foi feito ao vir para a Terra. E que é um plano glorioso, quando seguido."

Ao regressarmos ao Reino Azul, um pensamento repentino me ocorreu e eu disse: "Eu me pergunto se a alma daquele homem o inspirou a vir aqui a Shadowland por esses poucos dias, para revelar as terríveis condições e o perigo deste lugar." "É bem possível", Martreb replicou.

"Como você soube chegar no momento exato de encontrar aquele homem?", perguntei. "As almas trabalham em cooperação neste nível de consciência", ele disse. Sua resposta fez-me relembrar o quanto as almas têm trabalhado de modo interconectado para me ajudarem também neste nível tridimensional.

Quando eu desembaraçava o espólio de meu filho, em seguida à sua morte repentina, cheguei a Nova York, vinda do Brasil, sem conhecer ninguém, apenas para encontrar um maravilhoso grupo de amigos de meu filho, com um belíssimo espírito de cooperação, prontos a me ajudarem em todo e qualquer detalhe. Eu podia sentir suas almas trabalhando juntas para os inspirar. Até parentes distantes foram a Nova York me auxiliar.

Nessa ocasião descobri que precisava ir ao Arizona vender um lote de terreno no deserto, que fazia parte do espólio. Um amigo ficou de pegar a passagem e levá-la para mim no aeroporto. Enquanto eu aguardava o momento da partida, conferi a passagem e exclamei: "Oh, a agência de viagem cometeu um engano, marcando o meu regresso para o dia 6 de outubro." "Vamos tentar alterar isso?", ele perguntou. Por um momento, fiquei em silêncio e ouvi dentro de mim um vigoroso "NÃO!" Para encurtar uma longa história, enquanto eu estava no Arizona, conversei com um homem que se interessou em comprar o lote, mas infelizmente não dispunha de dinheiro naquele momento. De repente, uma idéia lhe ocorreu e ele disse: "Existe a possibilidade de que um amigo possa me ajudar. Se houver uma chance, eu lhe telefonarei." Passou-se a semana e nada de telefonema. Então, na manhã do dia 6, quando eu ia viajar, ele me ligou e comprou o terreno. Puxa vida!, pensei, até a alma do agente de viagens estava dentro do plano para me ajudar!

Ao deixar Shadowland, logo chegamos ao Reino Azul, onde me foi dado tempo para descansar, mas, apanhada num turbilhão de perguntas e desafios, minha mente estava longe de ficar tranqüila. Reconsiderei toda a rede de comunicações no plano da alma, que havia me atraído diretamente a Shadowland nesta manhã, no momento exato em que o jornalista estava partindo para um nível superior. Reconsiderei também o desafio de escrever o que me fora apresentado de uma maneira tão poderosa que eu não poderia recusar. A seguir, uma pergunta intricada me confrontava: Seria o meu trabalho resgatar jovens tal como o meu filho e o Grupo de Almas estavam fazendo? Ou ser como aquele jornalista, que fora em busca de informação e experiência direta para tornar a sua escrita tão autêntica quanto possível? Subitamente compreendi que já não sentia mais nenhum medo das vibrações ou condições de Shadowland. Em vez disso, com aquela proteção especial, eu me sentia confiante e desejosa de ajudar.

Ao tentar entender a interligação dos níveis de consciência, me dei conta de que, tão rápido como o pensamento, podemos conscientemente estar em qualquer lugar onde a imaginação possa nos levar. Por exemplo, descansando em meu corpo físico e ao mesmo tempo viajando em minha mente. Mas existe uma energia diferente ao entrar em Shadowland, que requer a proteção sábia e amorosa do Grupo de Almas e do Raio de Luz Azul. No meio de meu questionamento, Martreb se juntou a mim, dizendo: "O Raio de Luz Azul entra em seu coração trazendo a dádiva de puro amor. É essa energia que lhe permite a ligação com o Grupo de Almas em sua inspirada radiância."

Enquanto ele falava, pude ver novamente o quão cuidadosamente eles estavam me conduzindo em direção à tarefa da minha alma. Isso me fez regressar aos preparativos de mais um dia de trabalho na terceira dimensão.

* * *

Na minha hora de quietude matinal seguinte, Martreb me convidou a acompanhá-lo num experimento especial para testar as reações em Shadowland. Teríamos de ir a áreas de Shadowland, de onde nenhum chamado fora recebido, para levar uma energia especial. Penetramos e avançamos através de sombrias vibrações, finalmente selecionando um local que estava um pouco mais aberto, onde ficamos em silêncio, esperando. Eu não conseguia ver ninguém e me indagava por que Martreb havia escolhido essa área. Gradativamente comecei a perceber o movimento de algumas presenças que pouco a pouco começaram a se aproximar, sendo que podíamos captar a sua curiosidade. Finalmente, alguém perguntou: "Quem são vocês? Vocês parecem diferentes de quaisquer outros que já encontramos por aqui. Por que estão aqui?"

Martreb explicou que representávamos dois níveis de consciência. Sara, do nível terreno, de onde eles tinham recentemente vindo, e Martreb, do nível da Alma, para o qual eles iriam no momento adequado. A seguir, num delicada reversão de posições, ele lhes perguntou: "Quem são vocês?" e "Por que estão aqui?" Eles admitiram que haviam cometido suicídio e não tinham idéia de onde estavam. Martreb revelou-lhes que eles estavam aprisionados entre níveis de consciência, pois haviam tirado a própria vida e precisavam permanecer ali até a hora de sua morte natural. A seguir, seriam ajudados a subir ao Belo Nível da Alma. Alguns estavam demonstrando um pequeno interesse; por isso, Martreb continuou a lhes falar: "Existem voluntários que se interessam o bastante para lhes dar ajuda muito especial enquanto vocês estiverem neste lugar de sombras."

A princípio eles manifestaram um misto de descrença e medo, já que desde a sua chegada diversas propostas lhes haviam sido feitas, das quais tinham conseguido manter-se livres. Finalmente um deles, encorajado pela Luz que nos cercava, perguntou: "Como podemos ser ajudados se temos de ficar aqui neste lugar infernal?"

Martreb, com o que me parecia ser uma atitude desafiadora, disse: "Este é um momento de grandes mudanças na Terra e no sistema solar, no final de um vasto ciclo solar do zodíaco. Uma ajuda especial está sendo oferecida a toda a humanidade a fim de que desperte ciente da situação e se prepare para o nascimento num nível superior de consciência. Por causa desse desenvolvimento, as almas estão trabalhando conjuntamente na quarta dimensão, inspirando todas as pessoas da Terra que estejam prontas para essa grande aventura."

Percebendo que eles estavam se sentindo perdidos, eu disse: "Vocês podem ficar livres do medo e da escuridão mesmo neste local aprisionador." Isso provocou uma estranha reação. Senti sua desconfiança e pensei que esse argumento deveria ter sido usado antes para atraí-los, mas continuei: "Seu Anjo da Guarda está com vocês aqui, do mesmo modo como estava com vocês na Terra."

Houve um silêncio hostil. Aí então um deles nos desafiou: "Nós já fomos convidados a nos juntarmos a outros, sabia? Já conhecemos todos os truques para tentarem nos controlar. Ninguém está pronto para responder às verdadeiras questões."

Sentindo que qualquer coisa que disséssemos seria questionado, lembrei-me do esplêndido grupo de gente jovem no Centro Hubert e disse: "Vocês podem descobrir muitas de suas respostas numa peça teatral que alguns jovens estão criando num centro chamado Teatro Hubert. Poderão juntar-se a eles, se quiserem." Ainda sentindo certa relutância, continuei: "Aqueles jovens lá se cansaram de ser jogados de um lado para outro e estão tomando o controle da situação nas próprias mãos e partilhando suas experiências com outros. Se consideram a vida aqui como um jogo, poderão aprender a jogar com esses jovens. Vocês gostariam de assistir a essa representação e ajudar a criar novas peças no Teatro Hubert?"

Com uma centelha de interesse, uma garota comentou: "Eu gostava de escrever. Uma vez a nossa turma montou uma peça que eu escrevi na escola."

Outro perguntou: "Existe alguma cilada nisso? Poderíamos apenas assistir à peça sem que alguém tentasse nos segurar lá? Já nos levaram para um outro lugar antes, mas eles começaram a nos manipular e tivemos um trabalhão para escapar. Nenhum de nós deseja cair em armadilhas novamente."

"Oh!", eu disse, "agora entendo como vocês se sentem e porque precisam ser cautelosos. Podem vir conosco se quiserem, e não tentaremos convencê-los a ficar lá. Poderemos até guiá-los de volta para cá se preferirem voltar. Assim vocês não têm nada a perder e podem participar de uma diversão e de uma boa aventura."

Pela primeira vez, houve demonstração de um real interesse. O jovem que havia falado primeiro e que parecia ser algum tipo de líder, disse: "Está bem. Onde é esse centro?"

Martreb falou então: "Vocês estão certos de serem extremamente cuidadosos neste lugar. Temos um caminho de Luz protetora a seguir que nos levará através das áreas sombrias com a maior facilidade."

A Luz Azul se intensificou e se ampliou para cobrir aqueles que escolheram vir conosco. Eu estava ciente de outros no segundo plano nos estudando curiosamente. Martreb guiou-nos através de vários graus de densidade e logo chegamos ao local de onde podíamos ver a luz do teatro. Quando entramos no centro, fomos saudados por muitos dos jovens envoltos em sua suave Luz protetora. Era um acolhimento espontâneo e os resultados foram eletrizantes. Martreb disse: "Vamos deixá-los aqui por alguns momentos, mas voltaremos para saber que escolha vocês fizeram."

Senti que eles pareciam dispostos a ficar, pois acolheram com facilidade o grupo de boas-vindas e as suaves energias do centro.

Quando estávamos saindo, notei alguns jovens espreitando do lado de fora da área do teatro. Eles pareciam perdidos, mas se mostravam beligerantes e com uma "couraça" dura de se atravessar. Perguntei-lhes sobre o que gostariam de fazer se pudessem voltar ao corpo físico novamente. Eles me olharam como se eu tivesse perdido a razão e riram da minha estupidez. Martreb me puxou e explicou: "Eles não sabem onde estão e ainda acreditam que estão num corpo físico. Como muita gente, associam sua realidade apenas ao seu mundo tridimensional. Esses não podem ser auxiliados neste momento."

Sentia uma compreensão esmagadora da tremenda tarefa com a qual estávamos começando a lidar, quando regressei do meu período de quietude.

Capítulo 10

A peregrinação

Durante os meses que se seguiram, o Grupo de Almas programou a minha inclusão em diversas operações de resgate para que eu visse o alcance do seu trabalho e o registrasse em meus escritos. Algumas dessas experiências são relatadas aqui como bem típicas.

Numa das nossas idas a Shadowland, Martreb e eu tínhamos nos dirigido para uma nova área de vibrações sombrias e pesadas. À medida que adentrávamos a área, atraído pela Luz, um pequeno grupo de garotas começou a nos seguir. Ouvimos quando elas foram advertidas por vozes estranhas que pareciam vir de seres que não conseguiam tolerar a Luz, mas que tentavam evitar que as meninas falassem conosco. Tranqüilamente, começamos a nos comunicar com elas e as convidamos para se juntarem a nós. Martreb assegurou-lhes que ficariam seguramente protegidas se desejassem participar de uma interessante aventura. Cinco delas decidiram vir conosco. Atravessamos áreas escuras com o Raio de Luz Azul resplandecendo ao nosso redor. Quando chegamos a um local mais claro, nossas acompanhantes convidaram outros jovens a seguir conosco e partilhar da experiência com elas. Finalmente nos deparamos com um tipo de barreira de vibrações extremamente sombrias onde, em contraste, o poder da Luz Azul ficou intensamente mais forte. Dei-me conta, então, de que aqueles que nos observavam do Reino Azul acompanhavam o nosso progresso e nos davam proteção extra. Nesse ponto descobrimos que uma faixa de trevas estava cercando a área do teatro numa tentativa de evitar que outros jovens fossem atraídos pela Luz. Num relâmpago, compreendi a importância de nosso trabalho e do perigo que os jovens enfrentavam quando ficavam aprisionados nessa região de trevas por terem cometido suicídio.

Atravessamos a barreira com o Raio Azul que dispersava facilmente a escuridão e as baixas vibrações, mas que se fechavam novamente após a nossa passagem. Como sempre, a acolhida foi bem alegre e o grupo de recém-chegados era saudado e levado para o teatro. Tendo trazido esse pequeno grupo são e salvo, Martreb e eu fomos à procura de Hubert para avisá-lo sobre a barreira escura que estava se formando ao redor do centro teatral e assegurar-lhe da proteção extra. Enquanto eles conferiam o progresso obtido e a integração dos recém-chegados, Hubert observava o desenvolvimento da barreira com sentimentos confusos e depois, como uma reação positiva, disse: "Quem sabe isso é um mal que vem para o bem, pois pode se tornar um tipo de proteção contra aqueles que sejam atraídos para esse centro por mera curiosidade."

Pude ver por que a atitude positiva de Hubert, bem como o seu entusiasmo e zelo por seus protegidos tinham lhe garantido tanto respeito e apreciação. Ele nos contou que a profunda evolução interna de vários dos que haviam chegado há mais tempo era muito gratificante.

Uma de minhas impressões iniciais da fluidez do tempo em Shadowland tinha se comprovado quando vi as mudanças ocorrerem tão rapidamente na atitude e capacidade de reação das pessoas. Os jovens que ainda estavam ligados ao corpo físico que deixaram, não se davam conta de que estavam livres das limitações do tempo da terceira dimensão, porém, quando viram a maravilhosa facilidade com que as coisas eram criadas, começaram a sentir esse novo elemento em que estavam vivendo.

Deixei-os então e sentei-me serenamente, perguntando-me se deveria dar mais tempo a esse trabalho, mas compreendi que a agenda de encontros com os hóspedes que vinham falar comigo diariamente, as muitas atividades no centro onde eu vivia e a escrita também eram prioridades em minha vida. Enquanto eu descansava, duas das meninas que haviam vindo conosco se aproximaram e pediram para falar comigo. Sentindo que estavam muito preocupadas, ouvi-as com atenção.

O que pediam mostrava verdadeira coragem, apesar do perigo que sentiam em se expor. Uma delas disse: "Eu sou a Jane. Vocês vieram em atendimento à minha prece na desesperada situação em que me encontrava. Não desejando continuar a viver, eu tinha tomada uma *over-*

dose de analgésico, mas para meu horror, encontrei-me nesse lugar estranho e apavorante, e ainda com a mesma dor. Eu gritava de frustração e estava totalmente confusa. Duas pessoas se aproximaram de mim, um homem e uma mulher, que pareciam estar trabalhando juntos. Eles disseram que podiam me ajudar e me convidaram a acompanhar o seu grupo. Aí encontrei Carla, que tinha também acabado de chegar, e nos tornamos amigas. Nós percebíamos uma energia estranha e sombria, mas de qualquer forma era algum conforto ter alguém que cuidasse de nós. Gradualmente ficamos sabendo algo sobre o propósito do bando, o que nos horrorizou. Descobrimos que aqueles jovens estavam sendo treinados para procurar adolescentes na Terra, nas regiões de onde eles mesmos tinham vindo. Ao encontrar alguns deles fora de controle devido ao uso de drogas, aprendiam como controlar sua mente e seu corpo a fim de encorajá-lo a consumir mais e mais drogas e, no fim, a acabar com a própria vida para vir se juntar a nós aqui. Ouvimos dizer também que ao possuir os corpos de pessoas que estivessem abertas e vulneráveis por meio de drogas ou traumas na Terra, alguns deles, inclusive os líderes, os persuadiam a cometer um crime, pelo qual os desafortunados teriam de pagar, enquanto os obsessores se retiravam. Era um jogo de poder e sensação, perigoso e fascinante."

Senti um choque de horror diante dessas atividades que me eram reveladas. Jane e Carla, que tinham finalmente conseguido escapar, expressavam um tremendo alívio pelo fato de alguém que pudesse ajudar de verdade as ouvisse e tentasse entender o que estava ocorrendo. Foi então que demonstraram sua real coragem ao pedir um favor especial. Queriam ser levadas de volta à área onde elas foram encontradas para ajudar a libertar alguns dos desafortunados jovens que lá estavam presos, mas que não tiveram a coragem de vir conosco.

Martreb chegou bem nesse momento e explicou que elas precisariam passar algum tempo ali para aumentar sua resistência interior e compreender melhor como ajudar os outros. Aí então o seu pedido seria atendido. Num lampejo intuitivo sugeri que elas fossem contar ao Ray e ao Hubert sobre sua experiência, pois sentia que essa informação extra poderia ser útil no preparo de planos de defesa ou poderia ser desenvolvida ou incluída numa representação teatral que o grupo estava criando ali. Martreb e eu regressamos então para o Reino Azul. Quando eu acabava de registrar essa ocorrência, minha hora de quietude terminou.

* * *

Certa manhã, com uma sensação de algo especial no ar, Aura me acompanhou ao Teatro Hubert onde dois jovens nos cumprimentaram e nos levaram a um lindo e tranqüilo lugar, bem distante da área principal. Ali descobrimos um jardim que eles disseram ter sido criado por todo o grupo. O local estava radiante com um arco-íris de cores suaves. Uma luz banhava o jardim com uma delicada energia que continha uma espécie de vitalidade curativa e que era ao mesmo tempo relaxante e reconfortadora. Um dos meninos explicou: "Este lugar foi criado para a gente se curar. Qualquer pessoa pode vir do teatro para passar aqui um período de silêncio e cura." Senti um impulso imediato de me deitar num canteiro musgoso e relaxar.

Quando eles me deixaram sozinha por um momento, notei a presença do gracioso espírito das flores e fiquei suavemente sintonizada com as energias curativas do local. Nesse momento, uma visão do meu Anjo da Guarda com a mensagem de que essa extraordinária experiência de cura era concedida como uma dádiva de apreciação ao trabalho executado nessa área, e que ela iria aperfeiçoar o meu trabalho ao escrever este livro. Descobri que Shadowland é atemporal, e somente quando regressei ao meu dia de atividades na terceira dimensão foi que me dei conta de que havia estado por duas horas do tempo terreno absorvendo a paz e as energias curadoras. O vigor era bem real para mim, pois eu sentia um maravilhoso fluxo de energias superiores enquanto registrava essa experiência.

* * *

Num outro dia, pela manhã, tendo dificuldade em me concentrar, sentia-me como os jovens de Shadowland pedindo socorro. Martreb enviou um raio de Luz especial que me ajudou a descontrair minhas tensões e libertou-me para subir à pequena Capela. Fui acolhida lá por três encantadoras almas que tinham um visor focalizado sobre uma pequena área de Shadowland. A imagem mostrava um curioso padrão: um círculo de pequenas luzes parecia formar uma orla do lado externo de um anel escuro que cercava um centro maior de Luz. Ao estudar a área, pude ver que o centro de Luz era o centro do Teatro Hubert. Questionando-se sobre o que estaria acontecendo, o Grupo de Almas decidiu ir aos pares a cada ponto de onde, me disseram, um pedido de socorro urgente tinha sido recebido.

Martreb e uma outra alma se juntaram a nós e ele me pediu que entrasse na área ao seu lado, para minha maior proteção. A potente Luz Azul formou três raios, um sobre cada dupla do grupo de socorro. Segui Martreb para um dos pontos, onde encontramos um pequeno grupo de adolescentes bem pronto a responder ao amor solícito com que o saudamos. Descobrimos, então, o que havia causado esses bolsões de Luz. Alguns dos mais jovens, que estavam protegidos por suas cápsulas de Luz radiante no Teatro Hubert, tinham se sentido confiantes, decidindo se aventurar na escuridão para descobrir e auxiliar os outros. Eles tinham se afastado do centro sem dificuldades, pois aqueles que guardavam as barreiras escuras estavam mais do que dispostos a deixá-los passar, contando poder controlá-los. Suas cápsulas iluminadas tiveram sucesso em atrair os que estavam ansiosos por ouvi-los e segui-los. Mas quando eles tentaram regressar, viram-se bloqueados e não conseguiram encontrar o caminho de volta para o centro teatral. Amedrontados, haviam pedido socorro.

Quando nos aproximamos, eles nos saudaram com grande alívio. Indagando-me mentalmente por que teriam decidido correr tal risco, perguntei: "Hubert aprovou essa saída da área do teatro?" Embaraçados, admitiram que não o tinham consultado. Um deles disse: "Ele estava sempre ocupado atendendo aos novos grupos e alguns de nós estavam tão ansiosos por ajudar... Não nos demos conta do perigo, embora tivéssemos sido avisados de uma maneira geral." Martreb falou seriamente sobre o perigo e depois acolheu o pequeno número de jovens que havia sido atraído pelo valente grupinho, conduzindo-o, sem embaraço, através das barreiras escuras, até o teatro. Deixando-o aos prestimosos cuidados dos companheiros ali presentes, fomos socorrer um outro grupo.

Nesse momento Martreb localizou a luz mais enfraquecida, onde encontramos alguns sendo molestados por forças sombrias. Os dois, em suas cápsulas de Luz, sentiram um grande alívio ao nos ver, não somente porque a Luz Azul trouxe proteção para o pequeno grupo, mas também porque, de maneira muito real, ela os gratificava por seus esforços, confirmando o que eles haviam tentado explicar àqueles que tinham encontrado. A facilidade com que os jovens desnorteados reagiam favoravelmente aos que lhes ofereciam socorro demonstrava uma ampla oportunidade para trabalho futuro, quando eles estivessem adequadamente protegidos. Vendo isso, ao mesmo tempo que recomendava cautela, Martreb também lhes dava o devido reconhecimento por seu corajoso intento. Mesmo enquanto falávamos com eles, descobrimos que outros penetravam no pequeno círculo, com a sua descrença se desvanecendo à medida que enxergavam o possante Raio de Luz, sentindo a radiância do nosso amor por eles. Gradualmente eles atraíram o maior número de jovens que tínhamos conseguido até então. Numa espécie de maravilhosa parada superiluminada, nós atravessamos a barreira e entramos no centro, onde fomos saudados por um entusiástico grupo de gente jovem.

Restavam somente mais dois pontos para localizar e os outros pares de Almas já estavam a caminho de achá-los e trazê-los para dentro. Fomos encontrar Hubert a fim de deliberar sobre os nossos planos e de garantir maior proteção. Ele e Martreb estabeleceram um plano pelo qual os jovens, que progrediam tão bem e que estavam ansiosos por aventura, poderiam ser preparados para sair em trabalho de socorro, mas somente acompanhados de um ou mais membros do Grupo de Almas e protegidos pela Luz especial. Hubert disse que ele iria avisar seu grupo sobre essa oferta e recrutar voluntários que desejassem participar das operações de resgate.

Quando todos os outros já tinham regressado, houve ainda muita excitação com a troca das experiências vividas. Finalmente Hubert pediu silêncio e nós participamos de uma encantadora cerimônia, onde Martreb expressou a sua sincera apreciação pelo esplêndido progresso que tinham conseguido no centro. Cada um que se qualificava para um trabalho mais avançado, era cingido com uma cápsula de Luz protetora por Martreb. Mais uma vez ele acautelou-os contra a tentativa de socorrer outros sem um plano definido e obteve deles o compromisso de saírem sempre acompanhados por uma das Almas e a proteção da Luz do Reino Azul. Enquanto isso, eu descia com minha linha de Luz para o meu corpo terreno, a fim de encerrar meu período de recolhimento e anotações com uma maravilhosa sensação de paz e gratidão pelo privilégio de ajudar em níveis diferentes de consciência.

* * *

Os ritmos em nossa vida podem afetar a capacidade de concentração. Era o que eu estava experimentando numa manhã enquanto tentava relaxar em meu momento de recolhimento interior. Foi então que o choque de descobrir que estava atrasada me fez subir prontamente para as energias superiores do Reino do Azul. Ao pedir permissão para permanecer um pouco ali para me concentrar, o Grupo me envolveu amorosamente em Luz e logo me senti segura e protegida dentro do corpo sutil da minha alma.

Um deles disse: "Um momento perfeito para você chegar! O Mestre está programado para aparecer." Lembrei-me da primeira vez em que vira essa majestosa figura. Eu tinha ficado imensamente impressionada e, embora houvesse recebido seu amor protetor, sentira-me também profundamente desafiada a elucidar o meu propósito de vida. Quando ele entrou com seu magnífico manto cintilante azul-safira, e ao sentir de novo o poder de seu grande amor, curvei minha cabeça por um instante e depois, ao erguer os olhos, fui banhada por sua energia curadora. Ele tinha vindo abençoar o trabalho de Shadowland. Sua mensagem a essas belas almas era límpida enquanto explicava: "A aceitação e a compreensão amorosas abrem uma oportunidade para aqueles aprisionados em Shadowland exprimirem seus profundos sentimentos e fortes reações. Dentro da Luz eles podem ver e julgar por si mesmos de um modo que não conseguiriam aceitar se viesse de outros. Atrás de sua rebeldia, frustrações e confusão existe um profundo medo causado pela ignorância de valores verdadeiros. E por baixo de tudo isso existe um impulso em busca do real significado da vida, uma premente necessidade de se expressar, ser criativo e defrontar com um desafio vital que os motive, a partir do âmago do seu ser.

"As pressões internas são grandes entre a alma tentando se manifestar para despertá-los e revelar-lhes o radiante Ser de força espiritual que é a sua realidade, e o tremendo bloqueio em seu progresso causado pelas dependências, medos, hábitos e apegos, bem como a falta de compreensão de seu propósito de vida e o desconhecimento das grandes leis espirituais e da natureza."

Enquanto ouvia, vi também a jornada que eu tinha feito a partir do medo e terror por essa área intermediária, com sua desconhecida meia-dimensão, e a tranqüilidade com que agora eu podia trabalhar lá totalmente protegida no Raio de Luz Azul, um presente desse Mestre de sabedoria e amor.

Quando o Mestre se foi, Martreb me convidou a acompanhá-lo no trabalho do dia. Dentro dessas energias superiores, nós éramos conduzidos velozmente sobre as regiões de trevas de Shadowland para uma área onde encontramos muitas pessoas jovens aterrorizadas que ali tinham recém-chegado. Elas estavam em sério perigo de ser maliciosamente controladas pelas forças escuras, que diante da nossa chegada sentiram-se desafiadas e subjugadas, afastando-se da nossa Luz e proporcionando um alívio temporário. Dois dos jovens se adiantaram e nos perguntaram quem éramos. Um deles disse: "Esse é o mais estranho sonho que eu jamais tive." Eles perguntavam o que estava acontecendo.

Martreb fez um fascinante relato da situação, respondendo às suas perguntas tranqüilamente, com compreensão e amor. Logo, outros iam sendo atraídos para a crescente iluminação que, gradualmente, atraía um grande grupo. Afinal Martreb voltou-se para mim, indicando minha participação e naquele momento senti um poderoso amor que se irradiava para envolvê-los. Quando comecei a partilhar o nosso entendimento da sua dura situação, ele reagiu positivamente. Sugeri que quem quisesse vir conosco seria bem-vindo, já que estávamos indo numa peregrinação assistir a uma representação teatral no Centro Hubert.

Para nossa surpresa, todos se juntaram à expedição. Conforme passávamos por outras áreas escuras, mais alguns nos seguiam, os primeiros explicando-lhes o que estava acontecendo. Alguns tentavam com persistência fazer outras perguntas. Pude ver o milagre que se operava e compreendi o longo alcance que o nosso amor e a Luz traziam para a área nessa idéia de peregrinação.

Nossa viagem não era em linha reta e eu me perguntava o motivo, até que percebi o interesse despertado pela rota mais longa entre esses adolescentes. Finalmente me dei conta de que Martreb seguia uma suave Luz que, partindo de um plano mais elevado, guiava-nos para as áreas de maior urgência, dando-nos assim a melhor contribuição possível.

Uma pergunta que circulava pelo grupo precisava de explicação. Eles estavam intrigados quanto ao motivo de eu possuir uma linha de Luz descendo de meu corpo, quando ninguém mais a tinha. Ao pararmos por um momento, expliquei: "Cada um de nós é um Ser magnífico, uma força viva de energia espiritual, com uma ligação maravilhosa com a nossa alma e muito além dela. Em virtude de eu estar ainda vivendo na Terra e apenas visitando esta área para os ajudar, meus jovens, eu tenho este elo de ligação com o corpo terreno. É este elo que vocês perderam, mas com ajuda poderão ficar a salvo nesta área intermediária até o seu momento de libertação."

Em uníssono, as vozes perguntaram: "O que temos de fazer para ser libertados?" Repentinamente fui cercada por um mar de expressões interrogativas. Esse era um ponto que todos queriam entender. Como sempre, eu explicava: "O prazo de sua permanência aqui coincidirá com a época em que vocês normalmente teriam morrido, caso tivessem permanecido no corpo físico. Mas o que fizerem durante esse tempo é que será de uma tremenda importância."

Martreb aproveitou a deixa e disse: "Nós os estamos conduzindo a um lugar onde o seu maior preparo e progresso poderão ser conseguidos se vocês quiserem trabalhar com o grupo de lá. É uma aventura na qual eles estão aprendendo que têm poderes internos e talentos ocultos e cujo desenvolvimento estão sendo auxiliados a agilizar. Além disso, aqueles que assim quiserem, poderão ajudar outros que estão presos nesse sombrio e perigoso oceano de vibrações inferiores." Descobri que a linha de Luz que eles podiam ver ligando-me ao meu corpo físico concedia uma espécie de credibilidade nesse estranho lugar. Era como uma âncora que lhes dava um senso de realidade.

Até chegar ao Teatro Hubert, um grupo de quase cinqüenta tinha se agregado a nós. Ray e Hubert vieram nos saudar com um maravilhoso grupo de gente jovem em suas cápsulas de Luz. Cada um logo encontrou um camarada a quem ajudar. Quando os últimos foram levados ao teatro, tivemos a certeza de que seriam bem cuidados. Ray veio conversar conosco: "Hubert e eu temos ficado assombrados ao descobrir tanto talento oculto que havia sido enterrado em mediocridade. A sabedoria e a alegria de suas almas podem ser claramente vistas, trazendo uma liberdade de espírito, à medida que reagem à Luz em atitude de apoio uns aos outros. Isso lhes tem dado coragem e despertado uma aguda percepção. Cada novo grupo que é trazido aqui amplia a energia e proporciona uma oportunidade para despertar um amor prestativo aos que chegaram antes. Em breve teremos de desenvolver outras áreas para atender ao aumento de interesse."

Mencionei o trabalho que está sendo criado no Brasil para crianças pobres e abandonadas. Lares e centros especiais de educação estão sendo desenvolvidos para que esses pobres e pequenos andarilhos possam ter a oportunidade de aprender e praticar os verdadeiros valores da vida, a fim de desenvolver talentos, assim como elaborar um sistema de apoio que lhes garanta um lar e uma âncora enquanto se preparam para uma vida mais normal. Centenas lutam para sobreviver, roubando para ter o que comer, sem lugar para morar, dormindo em praias ou na rua, vítimas da prostituição e de traficantes de drogas. Pudemos perceber a similaridade da situação e da necessidade de cuidados para com esses jovens infelizes, tanto no mundo tridimensional como em Shadowland.

Martreb acrescentou: "Um despertar imediato e um senso de responsabilidade são necessários para fazer a civilização retroceder do limiar do desastre."

Capítulo 11

Extraordinário progresso

Passaram-se vários dias antes que eu retornasse às energias revigorantes da Capela do Jacarandá, ansiosa por me inteirar do progresso que estava sendo feito no trabalho com os jovens de Shadowland. Assim que o fiz, Aura se aproximou e sugeriu que eu apenas descansasse nessa manhã, dizendo: "Apreciamos a sua pressa em ser útil e em estar no centro dos acontecimentos, mas é muito importante reconhecer as limitações de sua personalidade e de seu corpo físico." Eu sabia que precisava aceitar a sabedoria, compreensão e cuidados amorosos com que Martreb e Aura estavam me orientando e protegendo nessa aventura arriscada e sem precedentes.

A fim de liberar meus pensamentos, Aura relatou: "Tudo vai bem em Shadowland; cuidados excepcionais estão sendo prestados aos que são trazidos ao Centro de Luz e os jovens estão aprendendo sobre a vida, criando e atuando em peças teatrais. Nosso Grupo está dando um amoroso apoio em todas as fases do trabalho."

Enquanto tentava relaxar e liberar minha ansiedade, notei uma propulsiva energia interna que tomara conta de mim com a aceitação desse trabalho e a fluidez de meu cuidado amoroso com esses jovens em conflito. Estudando meus pensamentos, Aura disse: "Você provocou uma fascinante reviravolta naquela sua fortíssima resistência a qualquer coisa associada com a área de Shadowland. É visível a sua presente disposição e o ilimitado esforço em levar adiante este trabalho. Mas você precisa também de um tempo de repouso a fim de reservar energias para o registro desta experiência, que é a sua tarefa específica."

A seguir ela desviou a atenção, permitindo-me relaxar. Enquanto eu repousava, meus pensamentos voltaram a se ocupar com o uso de energia, especialmente a energia que me trazia a esse Reino de Luz Azul. Lembrei-me então de um episódio ocorrido anos atrás. Com meu marido e filho, eu estivera subindo uma trilha muito íngreme que levava ao alto de uma cachoeira na montanha. No meio do caminho, sem fôlego e exausta, eu havia parado para descansar com os outros. Quando recomecei a subir, repentinamente senti uma nova energia, a respiração se normalizou e completei a subida com passos ligeiros, chegando ao alto sem dificuldade, para grande surpresa dos que estavam comigo e que ofegavam trilha acima. Eu havia experimentado o efeito de uma energia interna conhecida como "segundo fôlego". Isso me ajudou a compreender que é essa energia interior que às vezes me faz ascender com maior facilidade a esse Reino Azul em meu momento de quietude. Ergui o olhar e percebi que Aura estava ali, me observando. Ela disse: "Nesse grande experimento em que a humanidade se ofereceu como voluntária para vir à Terra, é essa energia que liga vocês com os níveis superiores de consciência."

Depois, percebendo a pressão interna que eu estava sentindo acerca do trabalho, ela continuou: "É a sua disposição e presteza em vir, quando nós a inspiramos a isso, que é importante. Relaxe, sabendo que nós a chamaremos quando houver necessidade. Este é um excelente momento para descansar." Comecei a entender que Aura estava perfeitamente a par da minha necessidade de repouso, já que o meu recolhimento matinal das 3h30 me deixara pouco tempo para o sono devido a um programa tardio na noite anterior. Eu me perguntava se era possível usar essa energia interna para compensar a necessidade de sono, quando Aura sugeriu: "Respeite as exigências do templo corporal através do qual você está trabalhando na Terra. Instrua Kathrin, seu Eu Básico, a lhe proporcionar pleno sono revigorante nas horas disponíveis e dê a ela uma folga extra durante o dia, quando necessário."

Gradativamente senti uma profunda paz íntima me liberando das apreensões e tensões e me descontraí, agradecida às energias restauradoras dessa pequena Capela. Após um momento, regressei ao meu atarefado dia sentindo-me renovada e pronta para a ação.

* * *

Em minha hora de quietude vespertina, senti-me novamente atraída ao Reino do Azul, onde Martreb me recebeu. Era como se ele conhecesse a minha necessidade de participar em parte do trabalho. Imediatamente convidou-me a acompanhá-lo ao Teatro Hubert, onde concordara em se reunir com os jovens que estavam se preparando para o trabalho de socorro. Quando nos aproximávamos do teatro, fomos acolhidos por alguns dos mais jovens do grupo local e escoltados a um recinto tranqüilo onde Ray nos aguardava. Eles pediram aos que tinham se oferecido como voluntários para operações de resgate que formassem pequenos grupos para examinar as atribuições e elucidar quaisquer questões.

Um grupo de três meninas me convidou a juntar-me a elas. À medida que falavam, senti que estavam bem preparadas para o serviço de salvamento e que eram francas na partilha de suas apreensões. Enquanto escutava, conjecturava como, nesses corpos frágeis e sensíveis, elas seriam capazes de lidar com as pesadas vibrações fora desse Centro de Luz. Perguntei: "Como vocês se sentem aqui nestes corpos mais sutis?" Uma delas respondeu: "É como estar nua, ou até mais ainda. Nossos pensamentos ficam tão expostos..."

Percebi então que lera seus pensamentos e pude perceber o quão preparada cada uma estava para os rigores do esforço de resgate de outros jovens. Foi interessante descobrir que devido à ligação com o meu corpo físico, eu não ficava tão exposta, de modo que elas não podiam ler nenhum dos meus pensamentos. Virando-me para outra, perguntei: "O que lhes dá força e inspiração para este trabalho de ir em grupos ajudar outros?" Sua resposta foi direta: "Nunca me esquecerei da desesperada necessidade de ajuda que senti quando descobri que ainda estava consciente naquele lugar tão escuro. Senti-me terrivelmente perdida e não sabia onde estava ou o que fazer. Para mim a morte era o fim. Desde o funeral de meu avô que eu sentia um grande pavor de cemitérios." Após um momento de silêncio, ela perguntou: "Como você se sentia acerca da morte e de cemitérios quando era jovem?"

Um clima de aventura dominou minha mente. Expliquei: "Quando éramos jovens, o dia de finados era um evento familiar ansiosamente esperado. Durante semanas observávamos os arbustos de lilases, na esperança de que os buquês nas cores branco e violeta florescessem a tempo, e nunca fomos decepcionados. Minha mãe preparava um generoso almoço e fazia um grande bolo para dividir com todos. Quando estávamos prontas, meu pai nos levava à estação ferroviária num veículo puxado a cavalo e nos colocava no trem com grandes ramos de lilases e a cesta de piquenique. Minha irmã e eu adorávamos o percurso de trem até a cidade onde minha mãe nascera e onde vários membros de sua família tinham sido enterrados. Colocávamos muitas flores frescas sobre os túmulos e compartilhávamos o que havia ocorrido durante o ano que transcorrera. Sobre um agradável gramado sombreado nós nos reuníamos para o almoço e, mais à tardinha, éramos escoltadas de volta ao trem para a viagem rumo ao lar. Esse alegre evento deixou de ocorrer com a Primeira Guerra Mundial, quando a vida se tornou mais feia e restrita."

Enquanto as meninas continuavam a falar sobre suas experiências, presenciei a ocorrência de uma ação das mais extraordinárias. Luzes internas esplandeciam em graus diferentes de cor e intensidade. Não havia julgamento, apenas indicações nítidas da força e do estado de prontidão de cada uma. Era fascinante ver o quão honestas elas eram em sua auto-avaliação e sua presteza, tanto no treinamento de que precisavam como nas experiências de salvamento. Seu propósito era claro e o poder do amor e sabedoria de suas almas transluzia. Uma delas, a que tinha se exposto lá fora antes de estar preparada e que havia sido socorrida, não tinha dúvidas acerca da necessidade de maior ajuda e preparação. Ela se advertia: "Preciso de mais testes para ter a certeza de que liberei meu profundo medo. Ray nos disse que o único perigo é o nosso medo, que nos deixa expostos às vibrações inferiores. Estou começando a sentir que se manifesta em mim a força interior da Luz que experimentei pela primeira vez no Raio de Luz Azul. Foi quando vocês vieram nos salvar em resposta ao nosso apelo."

Naquele momento senti um profundo vínculo entre nós, edificado em gratidão por eu ter estado lá quando ela pedira socorro. Quanto é real e abençoado o cuidado amoroso que levava essa gente jovem ao perigo para salvar outros! Soube então por que ela me convidara a me juntar ao seu grupinho nessa manhã. Reconheci também o poder superior do amor e da sabedoria que se estendia até elas a partir do Reino Azul e que era uma inspiração tão grande para essas jovens.

Logo após essa experiência compartilhada, juntamo-nos ao grupo maior onde Martreb expressava a sua apreciação pelo esplêndido progresso que estavam realizando. A seguir ele solicitou relatos de momentos significativos dos grupos menores. Havia uma entusiástica expressão de gratidão pelo privilégio de serem aceitos nesse protegido

Centro de Luz e a esplêndida assistência que estavam recebendo na criação e representação teatrais. Isso lhes proporcionava experiência para enfrentar os desafios e os ensinava diferentes métodos no trabalho de socorro que era tão real para eles, baseado em sua própria vivência e nas lembranças ainda vívidas do terror de se sentirem perdidos e amedrontados.

Eles todos expressaram e enfatizaram o grande alívio que sentiram quando os grupos de socorro chegaram com sua luz em resposta a seu pânico e apelos. Eles estavam bem convictos de que isso lhes dava o incentivo e a coragem de socorrer tantos quanto possível, a fim de que pudessem usufruir da segurança nos centros de proteção. Como disse uma garota: "Mantenho vivas em minha mente a força interna e a libertação que nos invade quando somos aceitos e podemos ajudar os outros. Estamos sendo transformados de verdade."

Mais uma vez Martreb os estava alertando sobre o extremo cuidado e percepção necessários enquanto praticassem seus métodos de resgate, assim como sobre a importância de manterem uma atitude construtiva quando em circunstâncias penosas. Sugeriu que descobrissem meios de edificar confiança nas próprias forças interiores antes de se disporem a penetrar nas pesadas e sombrias vibrações que circundavam aquele Centro de Luz. Expressou uma grande fé em suas habilidades e coragem e falou sobre as esplêndidas recompensas que adviriam do sucesso nesse trabalho em que tanto ansiavam por participar.

Senti-me inspirada também, pois estivera imaginando como esses preciosos jovens teriam condições de lidar com as forças mais escuras ao se aproximarem dos que estavam precisando tão desesperadamente de ajuda. Nesses momentos vitais eu podia ver que a minha atitude tinha sido condicionada por limitações físicas. No encontro dessa manhã tornou-se mais claro para mim que uma intrépida abordagem com empenho amoroso poderia nos salvar em qualquer situação.

Como era hora de partir, Ray juntou-se a nós por um breve instante e tive a oportunidade de manifestar minha grande admiração pela atitude arrojada e pelo excelente trabalho que ele e Martreb estavam fazendo com esses jovens, inspirando e encorajando os talentos latentes, o farto potencial e a força íntima de cada um.

Martreb replicou: "Esse é o tom dominante do trabalho de nosso Grupo de Almas. Estamos observando cuidadosamente o progresso de cada um em cooperação com Ray e estaremos brevemente lhes proporcionando a nova etapa de treinamento, permitindo-lhes que se aventurem em pequenas equipes na companhia de um membro de nosso Grupo que lhes dará a proteção necessária com a Luz Azul. Dessa maneira eles serão de tremenda valia, pois os jovens respondem com maior facilidade aos mais próximos à sua idade e estão mais inclinados a compreender e confiar na ajuda oferecida quando tentam encontrar seu caminho."

Pude então ver como, em meu recolhimento, minha preparação para esse trabalho de socorro estava também se tornando mais intensa. Houve testes em que tive de enfrentar coisas a serem sanadas, à medida que pensamentos de remorso e culpa vinham à tona. Ao voltar-me para as energias superiores dentro do meu ser, pude aceitar cada desafio como uma lição a ser enxergada em perspectiva e redimida. Depois, ao pedir perdão, um profusão de luz interior tomava conta de meu corpo, desobstruindo o meu magneto interno de modo a não mais atrair energia negativa. Foi necessário muita prática, pois eu sabia como essa limpeza era essencial na ajuda aos outros, especialmente em Shadowland onde as energias eram baixas e extremamente desafiantes.

Martreb disse: "À medida que você se torna mais límpida, poderá ir com qualquer membro do Grupo e não mais precisará de minha força ao seu lado. Entretanto, por causa de sua conexão terrena e suas limitações materiais, sempre que for a Shadowland você deverá estar acompanhada de um ou mais membros do Grupo sob a proteção do Raio de Luz Azul. Fique certa, portanto, de que quanto mais límpidos forem seu coração e mente, maior será o seu serviço.

* * *

Cada vez que eu visitava o Teatro Hubert podia perceber o excelente progresso que estava sendo feito. Era uma alegria ver a confiança com que os jovens estavam trabalhando tão bem uns com os outros. O ambiente que edificavam era um céu para os recém-chegados que estavam tão perdidos. Havia uma inspiradora compreensão da carência e potencial humanos nessas peças que estavam criando. Ficava surpresa com a sabedoria de vários adolescentes, observando-os na resolução de algumas situações intrigantes. Certa manhã fiquei à escuta enquanto dois membros do grupo original discutiam como auxiliar um recém-chegado. Jim, falando com seu amigo Dick, perguntava: "O que podemos fazer para ajudar o rapaz que chegou dias atrás? Praticamente não temos obtido nenhuma reação da parte dele. Acho que está em estado de choque!", ao que Dick replicou: "Tentei falar com ele. Não obtive nenhuma informação, mas descobri umas coisas interessantes que estavam congestionando sua mente. Ele tem treze anos e esteve internado numa espécie de sanatório porque era muito nervoso e tinha medo das pessoas. Comecei a perceber que ele entrava em pânico quando ficava a sós comigo; por isso cu lhe disse que tinha de deixá-lo, mas que, se pudéssemos ser de alguma ajuda, nos procurasse. Seu alívio por minha saída era evidente. Distanciei-me o suficiente até onde ainda pudesse captar seus pensamentos. Divisei um padrão de pensamento que girava e girava como um disco em sua mente. Descobri que ele havia sido molestado sexualmente de uma maneira que o aterrorizara. Alguém mais velho, aparentemente drogado e provavelmente tomado por alguma entidade cruel deste plano inferior, havia começado a controlá-lo e ameaçá-lo. Ele ficara apavorado demais para contar a seus pais, e experimentava um alívio quando ficava hospitalizado, exceto ao se ver a sós com alguém, para então entrar em pânico."

Jim exclamou: "Talvez seja esta a resposta: se o incluíssemos no planejamento de uma peça, ele se sentiria mais confortável e nós poderíamos edificar a sua confiança aproveitando suas idéias, e transmitir-lhe a sensação de que estará sempre a salvo aqui conosco. Vamos reunir alguns dos nossos com uns três ou quatro dos mais novos e aproveitar suas idéias numa peça." "Grande idéia!", concordou Dick.

Logo mais eles convocaram um grupo de sete, inclusive o garoto, que era facilmente reconhecível por sua indecisão. Jim, que era um ponto focal para o grupo, disse: "Ray pediu que nos mobilizássemos a fim de reunir idéias para uma nova representação teatral que seja especialmente útil a recém-chegados, em sua pré-adolescência. Eles não conhecem a segurança e a alegria deste lugar porque têm andado perdidos nas áreas de trevas. Esta é uma boa oportunidade de fazermos isso com vocês que acabaram de chegar."

Um outro disse: "As idéias mais úteis sempre vêm dos recém-chegados. Nós aqui nos tornamos tão felizes e seguros que quase nos esquecemos do que é estar lá fora." Jane, voltando-se para os novatos, perguntou: "O que aconteceu a vocês quando se descobriram em Shadowland? Quais eram seus pensamentos, seus sentimentos? Quais são as coisas mais importantes para ajudar os novos? Precisamos da sua colaboração."

Experimentalmente eles começaram a partilhar uma parte da confusão e principalmente do medo que ainda era tão vívido em sua mente. Perto dali eu me concentrava nos pensamentos de Danny, o menino novo que havia permanecido em silêncio, mas que, em sua mente, estava saltando por cima de surpreendentes obstáculos. Um rapaz que tinha sido salvo com Danny disse: "Quando me lembro de como eu estava vulnerável e amedrontado, entro em pânico só de pensar no que teria acontecido se alguém não tivesse vindo em resposta ao meu frenético apelo por socorro."

Pela primeira vez desde que ele chegara, ouvi uma nota positiva soar na mente de Danny. Ele falou sem pensar: "Puxa! Se eu não tivesse rezado por socorro e se aquele não tivesse vindo me buscar, ainda estaria naquele lugar sinistro e escuro. Afinal, este lugar aqui é real ou é um sonho?"

Jim aproveitou a deixa, dizendo imediatamente: "Danny, você acertou em cheio na loteria! Vamos colocar a idéia de sonho no enredo e depois mostrar que é bem real." Repentinamente verifiquei que sob o pretexto de planejar um roteiro teatral, uma parte substancial de ação vital estava ocorrendo. Posteriormente descobri que aquela experiência tinha sido o ponto decisivo para Danny, que se tornou mais seguro e em breve estava progredindo lenta, mas satisfatoriamente.

* * *

Acompanhada por Aura em minha visita seguinte ao Teatro Hubert, fomos convidadas a ver um espetáculo que ia começar. Um apresentador subiu ao palco proclamando: "Uma abrangente campanha ecológica está em ação na Terra que interage bem com o poder de Luz em desenvolvimento em Shadowland. Mas a ação real acontece na consciência das pessoas que despertam através da ecologia interna. Todo o mundo tem uma opção, a menos que deixe sua liberdade ser confiscada pela dependência das vibrações inferiores. Sua vida é como você a faz! Com Luz, fé e alegria, ela poderá ser uma grande aventura!"

Conforme ele terminava sua fala, vários jovens surgiam no palco em atraentes e brilhantes costumes. Eles irradiavam uma alegria exultante. O narrador anunciou o PRIMEIRO ATO.

Moços alegres e charmosos se lançaram às vigorosas danças de roda que haviam criado e que se harmonizavam perfeitamente com a música de cadência festiva. Os dançarinos mostravam considerável destreza e estavam inteiramente empolgados com os complicados passos e a música vivaz, levando-nos a acompanhá-los com batidas de pés. Por meio dessa série de danças eles estavam retratando o seu deleite nos fascinantes projetos que eram desenvolvidos no centro teatral.

Entre as danças, o narrador dava uma vívida explicação dos estágios de desenvolvimento experimentados pelos participantes, desde a formação do grupo original até o acolhimento de outros num contínuo fluxo de interesses e projetos ampliados, com uma visão dos novos Centros a serem criados. Ele enfatizava especialmente a resistência e segurança íntimas que aquela esplêndida gente jovem tinha desenvolvido em seu trabalho em equipe no teatro e a experiência de vida ali.

A dança final — uma dança sagrada de meditação —, era linda de se ver. Senti-me arrebatada pelo lento e firme ritmo, conhecendo uma poderosa energia que iluminava, permeada por profunda paz e alegria. Quando esse ato terminou houve um breve período de total silêncio. A seguir, um intervalo com um coro de vozes jovens no fundo contava sobre a sua chegada nas trevas, o terror de Shadowland e a maneira mágica com que os Anjos-da-Luz os haviam salvado, levando-os para a Luz, beleza e os cuidados amorosos desse lugar. Através da aceitação amorosa, eles aprenderam a dar apoio uns aos outros, desenvolvendo uma nova liberdade para se protegerem contra as tentações e vícios que haviam assombrado sua vida na Terra.

Algo na ação do espetáculo lembrou-me de um "circo-de-três-anéis"*, pois cobria um amplo propósito e ao mesmo tempo era apresentado de forma bem simples. Senti o clima e uma íntima relação com

* Um símbolo com três círculos interligados indicando que o circo apresenta três diferentes números ao mesmo tempo, no picadeiro, em oposição a certos circos que apresentam um número de cada vez (N. da T.).

tudo o que estava acontecendo, especialmente a sensação de que existe uma contínua interligação entre a Terra e Shadowland.

O SEGUNDO ATO foi dramaticamente apresentado em silêncio. Sobre uma ampla tela era projetado o progresso gradual do desenvolvimento de Shadowland. Ao lado do palco estavam QUATRO ATRIZES, cada uma segurando uma grande letra, formando a palavra "L I V E".* A tela mostrava algumas áreas escuras, mas a princípio sem grandes alterações, com a música de fundo se tornando um pouco confusa. Datas no canto da tela indicavam os séculos passando progressivamente na Terra. A escuridão se tornava mais profunda e, de forma simbólica, a música se tornou dissonante. Durante esse tempo, as meninas trocaram de lugar numa pequena dança para formar a palavra "V I L E".** A escuridão se intensificou até cobrir toda a tela, criando uma atmosfera de dispersão. O holofote focalizado sobre as quatro meninas demonstrava alguma confusão. Aí a menina do fim da palavra deu um passo para trás e, passando pelas costas das outras, veio para a frente, formando a palavra "E V I L".***

Depois luzes começaram a penetrar a escuridão em alguns pontos. A tela foi se tornando mais clara até que apareceram áreas inteiras de claridade. Durante esse tempo as quatro meninas, com as letras à frente de seus corpos, se entrelaçavam numa dança, terminando finalmente de volta na posição inicial com a palavra "L I V E".*

Um pouco antes do cerrar das cortinas, uma pequena menina saltou para o palco e fez uma reverência à segunda menina que, com a letra "I" deu um passo para trás e um grande "O" tomou o seu lugar. A palavra final era "L O V E".****

O apresentador veio ao palco dizendo "A palavra final é o poder do amor-que-transforma. Tem ocorrido um tremendo progresso na ecologia. A Terra e Shadowland estão se ajudando mutuamente, mas é a ecologia interior, o poder de limpeza da energia eletroatômica dentro de cada pessoa que é a grande força motriz de luz no planeta Terra."

---

* VIVA (N. da T.).

** VIL (N. da T.).

*** O MAL (N. da T.).

**** AMOR (N. da T.).

Quando o ensaio terminou, Aura e eu fomos até a frente nos juntar a Ray e ao elenco para expressar nosso regozijo com o excelente desempenho e progresso que esses jovens estavam tendo. Ray perguntou-me se eu gostaria de partilhar algo com o elenco. Demonstrei minha apreciação ao seu entusiasmo e engenhosidade, dizendo: "Foi um prazer assistir à produção de vocês, ela prendeu nossa atenção o tempo todo. Sinto uma verdadeira ligação com o que estão fazendo aqui e a população jovem na Terra. Ontem recebi uma carta de uma pessoa no Brasil que mostrava isso muito claramente." E então contei-lhes sobre a experiência que havia levado essa minha amiga a desenvolver um projeto com gente jovem, a fim de criar um canal para o imenso potencial energético da juventude voltado para atividades construtivas."

Reproduzo a seguir a transcrição de parte de sua carta explicando a inspiração por trás do projeto para os jovens:

> Em fevereiro de 1988, imediatamente após as festividades anuais do Carnaval, violentos temporais abalaram a cidade de Petrópolis, no Estado do Rio de Janeiro. Fiquei isolada pela chuva, apenas acompanhando os acontecimentos pela televisão e através das notícias trazidas por vizinhos.
>
> A situação era alarmante, tendo diversas casas desabado. As autoridades já consideravam a evacuação da cidade, pois não estavam conseguindo suprir os serviços básicos nem prestar socorro às vítimas. A seguir surgiram voluntários de muitos lugares.
>
> Quando a chuva diminuiu de intensidade, consegui ir até o centro da cidade e lá tive uma experiência da qual sempre me lembrarei como uma das mais significativas em minha vida. Vi dúzias de jovens adolescentes, bem vestidos e atraentes, que viviam em Petrópolis somente durante o verão, usando uma pequena fita de voluntário e espontaneamente trabalhando com afinco no meio da cidade em ruínas. Incansavelmente, eles subiam e desciam os morros das favelas, ajudando a socorrer pessoas. Estavam trabalhando vinte e quatro horas por dia em equipes de resgate, a maioria deles com cerca de dezessete anos.
>
> Mas o mais inesquecível era a luz em seus olhos, os mesmos olhos que habitualmente se mostravam entediados, hipnotizados pela sedução de sua sociedade consumista. Agora eles estavam cheios de energia, objetivos, dignidade e responsabilidade, e manifestavam tamanha força que me deixava fascinada.

Alguns dias mais tarde, entretanto, eu os vi novamente revertidos para a mesma velha perspectiva de sociedade de consumo, seus olhos e atenção voltados ao sucesso efêmero e ao prazer inconseqüente. Senti um aperto no coração e pensei: "Eles podem ser felizes voltando a ser úteis e a viver uma vida significativa a fim de canalizar todo esse poder para a cura da sociedade, como fizeram na reorganização da cidade!"
(Norma Sá Pereira)

Capítulo 12

Ajuda de Vênus

Ao entrar em meu momento de quietude senti uma grande onda de energia me atraindo para o Reino Azul. Lá encontrei todo o Grupo de adoráveis Almas se preparando para um evento muito especial. Elas tinham sido convocadas pelo inspirador Pináculo de Luz para um encontro com o seu Instrutor e estavam aguardando a minha chegada a fim de que eu pudesse atravessar a Ponte de Luz em sua companhia.

Quando entrávamos no Pináculo em forma de templo, fomos saudados pelo sábio Mestre vestido de azul, cujo amor irradiava uma qualidade de calor e cura. Com exceção de Martreb e Aura, os outros raramente tinham vindo a este lugar especial e para mim era uma experiência impressionante. Nas energias sutis ascendemos a uma área tranqüila de onde se tinha uma magnífica visão de todo o Reino.

Nessa manhã a atenção se voltava para Vênus; não sobre o corpo físico do planeta, mas sobre os espíritos radiantes que habitavam lá e que, eu sabia, ligavam-me ao Reino Azul através do poder de cura do seu amor. Houve excitação quando soubemos dos planos para uma peregrinação de diversas Almas de Vênus à Terra, que viriam trazer seu conhecimento avançado e habilidades especiais a fim de ajudar a humanidade.

Após essa revelação houve um período de silêncio meditativo e senti uma profunda paz que trouxe de volta à minha memória a primeira vez em que tomei conhecimento da vida em Vênus. Naquela ocasião eu ainda não tinha começado a entender que as almas que haviam evoluído para planos superiores possuíam a assombrosa habilidade de usar sua força vital para regressar a quaisquer dos planos anteriores, através dos quais haviam progredido. Reunindo o material daquele plano, podiam formar corpos por meio dos quais realizavam o trabalho que haviam vindo fazer e que era sempre construtivo. Isso acontecia por que elas não estavam mais ligadas a vibrações inferiores, assim como um estudante universitário que visita uma escola primária para ajudar as crianças ou para contar-lhes sobre as aventuras maiores que as aguardavam.

Agora me vinha claramente à memória a lembrança de uma ocasião, anos atrás, quando eu vivia nos Estados Unidos e estivera caminhando com minha irmã e seu marido ao longo de um bulevar de Hollywood, na Califórnia, procurando nas livrarias um livro especial que eu queria dar a ela. Em loja após loja tínhamos perguntado por esse livro, mas não havia como encontrá-lo. Quando finalmente eu havia desistido, estávamos passando em frente a uma livraria bem pequena e meu cunhado disse: "Eis mais uma loja." Minha resposta foi: "Ora, se as grandes lojas não tinham, não existe a menor chance de encon..." De repente, no meio da sentença, senti como se alguém estivesse me puxando pelo cabelo, levando-me para dentro da livraria. Fui conduzida a uma prateleira do outro lado da loja, e tirando dela o livro procurado, voltei-me e dei-o à minha irmã. Enquanto eu o entregava, um jovem cavalheiro surgiu ao meu lado e, colocando um livro em minhas mãos, disse: "Eu acho que isto é para você." Dei uma olhada no livro e voltei-me para agradecer, mas — não havia ninguém lá. Intrigada, comprei o livro. Chamava-se *Dweller of Two Planets*;* de autoria de um ser de nome Phylos, psicografado por um homem da Califórnia. O livro dava uma descrição detalhada de sua vida em Atlântida, e depois nos levava à sua vida em Vênus, num corpo bem mais sutil. Quando a lembrança desse episódio se projetou por um instante em minha mente, fiquei a me perguntar se o ser que havia surgido apenas o tempo suficiente para colocar um livro em minha mão seria de Vênus — ou, movida por um impulso intuitivo, senti que poderia ser Martreb, que fora para planos superiores no ano anterior. Mesmo naquela ocasião, pensei, ele estava me preparando para o trabalho que devo fazer, representando o Grupo no nível terreno. Ergui meus olhos para ver o seu olhar sobre mim, como a perguntar: "Você consegue entender?" Nesse momento dei-me

---

* Literalmente, "Habitante de Dois Planetas" (N. da T.).

conta de todo um âmbito de vida para além do qual, até então, conscientemente eu fora capaz de aceitar.

A lição no Reino Azul nessa manhã, abrindo uma visão maior de vida, me deixou fascinada. Era uma revisão da grande jornada que nós, como um Grupo, tínhamos feito através de toda a nossa evolução. Cada estágio de desenvolvimento trazia de volta uma nítida recordação. Essa experiência era proporcionada com analogias diferentes para tentar fazer sua realidade se manifestar a mim. Ouvi no fundo da minha memória as palavras: "Você pode relembrar ou evocar uma miríade de experiências do passado."

Inúmeras imagens começaram a lampejar por minha mente e depois pararam num acontecimento de muitos anos atrás. Com um pequeno grupo de amigos, tínhamos feito uma viagem de canoa de duas semanas através da belíssima região cheia de paz do Lago Saranac, no Estado de Nova York. Serpenteamos ao longo de rios e através de lagos, com breves transportes de nossas canoas e suprimentos entre os cursos d'água, e acampando à noite em abrigos improvisados feitos com nossas embarcações. Quando descobrimos o caminho de volta ao ponto de partida de nossa aventura, o piloto de um pequeno hidroplano nos levou para um vôo que durou VINTE MINUTOS, sobrevoando a região de onde pudemos enxergar toda a área pela qual tínhamos navegado durante duas semanas.

Sob a orientação de nosso Instrutor, senti minha consciência se expandir e vi uma linda Luz acima de nós. A seguir fui soerguida dentro da Luz e, dessa posição vantajosa, fiquei surpresa ao constatar que podia enxergar grande parte de minha vida. Nesse instante escutei: "A partir deste nível superior sua alma estará sempre pronta para guiar a sua personalidade limitada, mas isso exige que você use a mente e o livre-arbítrio para reconhecer, aceitar e confiar neste Instrutor Interno."

Nesse minuto de abertura o sublime Instrutor confrontou-me com a perscrutante questão: "QUEM É VOCÊ? QUAL É SUA REALIDADE?" Por alguns momentos meditei sobre esse enigma e então, ansiosa por saber, fiz um apelo para que me fosse mostrada a resposta de uma maneira que eu pudesse compreender. Depois que minha mente se aquietou, foi-me apresentado um quadro bem nítido. Primeiro vi apenas uma única lâmpada e, a seguir, a vibração extraordinária e faiscante da energia elétrica se tornou visível. Eu observava com atenção à medida que ela fluía através de inúmeros transformadores para essa fonte. Lentamente tracei o seu curso de volta, vendo que a energia se mantinha ativa e potente por todo o percurso, e que somente uma pequena parte dela estava vindo para a lâmpada. Naquele momento o Instrutor disse: "A lâmpada não fornece calor e energia, mas é construída de tal forma que a eletricidade dentro dela pode criar luz e irradiar calor, quando é ligada." Enquanto eu ponderava sobre essa cena, dei-me conta do quão necessária era a lâmpada porque, sem ela, a eletricidade não poderia ser controlada ou dar-nos a luz.

Houve uma dramática pausa. Deram-me tempo para eu entrar em sintonia com o que me estava sendo mostrado; depois senti uma poderosa luz interna e um segundo quadro, relacionado com o primeiro, tornou-se nítido. Vi que os nossos corpos eram como lâmpadas elétricas e através dos quais nós, seres vibrantes de Força Vital eletroespiritual, nos expressamos na Terra. Pude ver e sentir a luz da sabedoria, a alegria e o calor da força transformadora do amor que nos traz segurança e felicidade.

Naquele momento vi esse radiante poder se estender por diversos planos de consciência até a Fonte da Criação, da qual nunca estamos separados. Conforme retracei esse fluxo de energia através dos planos, pude perceber que nós, em nossa realidade, estamos ativos em diferentes níveis. No QUINTO NÍVEL somos como uma astronauta que, do espaço, pode ver a Terra inteira. Daquele nível podemos ver toda a nossa vida de uma só vez, bem como a nossa destinação, transmitindo para o QUARTO NÍVEL logo abaixo, ou seja, o nível da alma, as melhores informações possíveis com as quais orientar a nossa limitada personalidade a fazer as melhores escolhas na vida. Na QUARTA DIMENSÃO, a alma, como um piloto de avião, pode divisar muitos caminhos e transmitir para a mente e coração conscientes a orientação de que carecemos.

A TERCEIRA DIMENSÃO, ou nível de consciência, chamou vigorosamente para si o foco de atenção como sendo o nível com o papel mais crucial. Temos a responsabilidade de aprender a abrir o caminho para receber a orientação que está à nossa disposição, aguardando nosso apelo, e de ficar à escuta em silêncio para captar os impulsos que podem nos guiar, quando nos voltamos para a luz interior. Aí então o Instrutor falou: "Devido ao fato de vocês terem sido agraciados com o livre-arbítrio, essa ajuda não lhes pode ser imposta, mas ela estará sempre pronta para quando **ligarem a luz.**" Minha premente questão era: "Como é que eu ligo a luz?"

Nosso Mestre sábio disse: "As três mais importantes chaves para a vida são:

CONFIANÇA em sua realidade espiritual com uma abordagem positiva, independentemente do que estiver acontecendo, pois isso faz manifestar a luz interior que transmuta medo e emoções destrutivas. Enxergar as coisas em perspectiva colaborará para impedir que você seja uma vítima das circunstâncias." Dei-me conta, então, de que toda situação difícil de que eu podia me lembrar havia ocorrido devido a uma abordagem negativa, de crítica, julgamento, tentando justificar algo ou algum outro conceito limitado.

"**ACEITAÇÃO AMOROSA** das pessoas, inclusive de você própria, o que a faz se abrir ao poder interior, com a qualidade mágica de desobstruir o caminho para o progresso natural, sem barreiras restritivas. Ao enxergar o melhor em cada pessoa, a despeito das aparências, algo dentro de você se abre para a luz interna que protege e para o cuidado amoroso, o qual, por sua vez, lhe trará maior clareza e entendimento.

PERDÃO é a terceira chave." À medida que ele falava, eu sentia uma profusão de luz interior. "Isso não pode ser obtido com a mente. Quando você permite que o livre-arbítrio abra o seu coração, a luz interior a libertará e aos outros também."

Na experiência seguinte eu me achava com o Grupo numa ocasião em que estivéramos em corpos espirituais muito sutis. Com conhecimento total de vida, tínhamos aceitado o desafio de nos oferecer espontaneamente para descer através de estágios mais densos na matéria, a fim de elevar suas vibrações e transformar seus elementos em energias atômicas mais sutis. O processo vinha ocorrendo por longas e lentas etapas, mas tínhamos sido capazes de manter a memória de nossa identidade, até que penetramos na densidade maior do corpo físico. Aí então nos esquecemos de quem éramos e até do nosso Anjo da Guarda que estava sempre conosco. Quando chegamos ao estágio mais grosseiro do corpo físico, que fora tão meticulosamente criado, fizemos mau uso de nossas energias e perdemos o poder e um significado para a vida. Somente durante o sono, às vezes através de sonhos, ainda recebíamos lições interiores quando a alma — o nosso instrutor interno — tentava se comunicar conosco. Agora uma grande mudança está ocorrendo na Terra, reavivando uma pálida lembrança, e percebi que eu podia atravessar a ponte da memória até um determinado ponto na viagem de descida e captar uma impressão de onde viemos e de quem somos.

O Instrutor que estivera nos conduzindo através dessa experiência elucidou então esse poder, confirmando: "Aquelas almas de Vênus e de Reinos superiores podem se deslocar através dessa jornada para qualquer ponto, instantaneamente."

Compreendi, então, como possivelmente o jovem cavalheiro pôde ter aparecido na livraria de Hollywood, de forma materializada, pegar um livro, colocá-lo em minhas mãos e depois desaparecer.

O Instrutor informou-nos que muitos seres de Vênus, conhecedores de sua realidade e tendo a capacidade de ver um quadro mais amplo nessa transição para o novo milênio, estariam aparecendo em silêncio para colaborar nesse despertar espiritual consciente que afetaria seriamente as próximas etapas de progresso no planeta.

Nesse ponto Aura chamou-me a atenção para que me recordasse de minha fonte de proteção e de ajuda. Ela disse: "Ressoando dentro de sua consciência está a memória do cuidado amoroso que foi concedido às pessoas da Terra pelos mais avançados espíritos de Vênus. Existe uma conexão energética entre esses dois planetas."

Por muitos anos eu me emocionara profundamente diante da claridade e brilho da luz vinda de Vênus na parte ocidental do céu, logo após o pôr-do-sol. No Reino Azul eu descobrira, também, a forte ligação de Aura com o belo espírito de Vênus. Concedendo-me um momento para rememorar essa ligação, ela continuou: "À medida que a sua memória vem à tona, descobrirá que esse foi o presente dado a você neste Reino por ocasião de sua concordância em ir à Terra clarificar certas áreas de sua vida e prestar serviço amoroso no preparo para este tempo de transição. A luz de Vênus é um símbolo da proteção extra tão necessária em Shadowland.

Martreb me recordou que muitos anos atrás, Edgar Cayce, conhecido como o profeta adormecido da Virgínia, tinha dito que o próximo impulso espiritual viria da Rússia. Por um momento meus pensamentos focalizaram parte do que estava acontecendo naquele país, após a queda do muro de Berlim, como o movimento de uma maré ondulante contra as tremendas resistências de forças governamentais e militares. Pude ver uma energia maior sustentando aqueles que estavam abrindo caminho em silêncio na preparação para um mundo novo.

Atraindo minha atenção, Martreb disse: "Você está conscientemente aqui conosco neste exato momento, não está?" Tive de admitir que, por certo, eu estava. Ele continuou: "E ao mesmo tempo você está em seu corpo físico, escrevendo." Naquele instante toda a minha atenção retornou para a minha mão e o meu momento de quietude terminou com uma intensa força interior e a constatação de que aquilo era uma confirmação maravilhosa.

* * *

As luzes estavam se acendendo por todo o planeta quando eu entrava em minha hora de recolhimento, algumas manhãs mais tarde. Uma parte da negatividade, ignorância e mau uso da energia que bloqueia o fluxo de energias superiores e de poder espiritual estava começando a ser erradicada. Quando a consciência for despertada dentro dos indivíduos, a destruição da beleza e dos tesouros da casa terrena em que vivemos não será mais aceitável.

No Arizona, uma mulher regressou do trabalho ao lar para encontrar sua casa toda destruída. Cortinas e quadros haviam sido retalhados, móveis e louça quebrados, roupas rasgadas, alimentos inutilizados. Os danos foram calculados em cerca de 50 mil dólares. Quando a polícia foi no encalço dos vândalos, a investigação levou a um menino de nove anos e sua irmã de seis, que moravam na vizinhança. Influenciados por exemplos de violência na televisão, eles tinham se tornado vítimas de forças inferiores e perdido o senso do certo e do errado.

A destruição de recursos de nosso hábitat terreno pela indústria e a poluição do ar e água têm um padrão similar.

De novo percebi uma tremenda necessidade de limpeza das vibrações inferiores de Shadowland e a sua conexão com a destruição de nossos meios de sobrevivência e do nosso mundo, do qual somos absolutamente dependentes pelo ar que respiramos, o alimento que comemos e o sustento de nossa vida.

A Mãe Terra pode curar a si própria quando a oportunidade lhe é dada. Alguns anos atrás, um lago na Suíça estava terrivelmente poluído.

O governo instituiu estações de tratamento e interrompeu o despejo de detritos industriais — e as pessoas ficaram surpresas ao descobrir que, num breve espaço de tempo, o lago se limpara a si mesmo. A natureza tenta curar seu corpo exatamente como nosso corpo cicatriza um corte ou arranhão, mas profanações mais graves exigem a investigação da causa e a sua eliminação. Quando a grama é aparada, ela rapidamente cresce de novo, do mesmo modo que o cabelo em nossa cabeça, mas o corte de árvores que levaram centenas ou milhares de anos para crescer, ou o saque dos recursos da Terra, causam uma destruição que não pode ser sanada. Quando chove, a Mãe Terra toma um vigoroso banho e fica reluzente; trovões ribombeiam e os relâmpagos limpam a atmosfera. Esse ser vital tem grande sabedoria: No livro da natureza poderemos encontrar todas as respostas, uma vez que aprendamos a lê-lo.

Capítulo 13

Escapando dos truques de Jed

Eu tinha vindo do Reino Azul com três membros do Grupo de Almas para assistir ao ensaio de uma peça que estava sendo encenada pelo elenco de atores do Teatro Hubert. Havíamos entrado silenciosamente para não causar qualquer perturbação e tínhamos permanecido no fundo da platéia. A peça prendia totalmente a nossa atenção, enquanto três rapazes, conduzidos por uma alma radiante e iluminados pelo Raio Azul, deixavam a proteção do Centro e bravamente enfrentavam as aterrorizantes trevas de barreira lá fora.

De súbito notei uma vibração diferente e estranha por perto e descobri que dois moços haviam entrado e estavam de pé no canto mais escondido do fundo do teatro. Seus pensamentos e vibrações estavam num tumulto, embora contidos. Lendo seus pensamentos descobri que eles haviam sido enviados por uma das mais poderosas entidades escuras que dominavam Shadowland, e que os mantinha completamente sob controle. Sua tarefa era perturbar o trabalho no Teatro Hubert.

Para seu assombro, na luz e energia desse teatro, eles se sentiam inexplicavelmente livres do poder que os estivera dominando. Curiosos, eles se puseram a escutar os atores no palco e, gradualmente, começaram a entender como haviam se tornado instrumentos da entidade que os usava para manipular pessoas vulneráveis na Terra.

Eu estava captando os pensamentos e conversas mentais dos dois que irrompiam em explosões de descrença e angústia. Eu podia perceber a essência do seu drama. Eles não tinham idéia de que era o poder da Luz nesse centro que os estava afetando. Um deles disse: "Nós fomos escolhidos porque éramos os mais duros dos homens de confiança de

Jed, mas aqui eu me sinto totalmente incapaz de fazer qualquer coisa para destruir este lugar."

"Quando foi que você começou a perder a determinação de fazer isso aqui ir pelos ares?", perguntou um deles. "Não sei bem. Acho que foi quando entrei neste lugar. Até entrar no teatro, eu tinha uma grande pergunta na cabeça. Só queria saber o que estava acontecendo aqui dentro. Sinto-me como se tivesse acabado de acordar de um sonho infernal."

Alguns minutos mais tarde, Ray, que estava dirigindo o ensaio, chamou-me para um pequeno intervalo. Compreendi que ele também estivera captando algo da batalha interna daqueles dois. Lentamente caminhou em minha direção como se estivesse profundamente absorto, e depois perguntou: "Como você acha que a peça vai indo? Ela se baseia na experiência de alguns dos que aqui chegaram primeiro." Falando em função de sermos ouvidos pelos dois com os seus confusos e conflitantes pensamentos, eu disse: "Essa turma de jovens conseguiu transmitir a alegria e o alívio experimentado em seu resgate, assim como o sentimento de libertação das entidades que os controlavam nos limites de Shadowland." Naquela hora pensei sobre a necessidade de um drama bem eloqüente que pudesse realmente desbravar a ignorância que é como um vagalhão a engolir as pessoas. Então perguntei: "E o que você acha das vibrações mais pesadas que estão escravizando as pessoas, do crime, da crueldade? Quem pode retratar essa parte da escuridão de Shadowland?"

Senti como se algum poder maior estivesse falando através de nós quando Ray respondeu: "Os roteiros aqui são baseados na experiência real daqueles que chegam. É provável que as almas conduzirão para cá outras com maior experiência, que possam revelar o desafio das áreas mais sombrias. Existe uma grande oportunidade para a criação de peças que mostrarão toda a abrangência do trabalho em Shadowland."

Ficamos em silêncio por um instante, ambos compreendendo o desafio que fora lançado àqueles dois rapazes. Erguendo a seguir os olhos, como se os visse pela primeira vez, Ray saudou-os: "Vocês, rapazes, devem ser novos aqui. Qual é a opinião de vocês sobre a peça que esses adolescentes estão criando? Seria ótimo termos uma visão imparcial do trabalho."

Havia uma tépida energia de aceitação que estava definitivamente nos iluminando de um nível mais elevado e também do Reino Azul.

Demo-nos conta dos pensamentos rodopiando em suas mentes à medida que eles experimentavam extremos, tais como a sensação de violência e a de serem controlados, mudando repentinamente para todo um novo mundo de deliciosa liberdade.

Ray quebrou o silêncio, dizendo: "Essa turma de jovens aqui tem grande talento. Existe um ditado que diz: 'As crianças são os nossos melhores mestres.'" Então, após uma pausa, perguntou: "O que trouxe vocês aqui?" Eu acompanhava o combate em suas mentes. Um dos moços finalmente encontrou coragem para falar: "Eu sou Ben. Nunca vi um lugar como este antes, nunca me senti tão livre. Sempre desejei ser ator."

Encorajado, o outro disse: "Nos já passamos por tudo o que se possa imaginar. Nosso chefe é um dos mais poderosos. Ele controla um grupo enorme de entidades que podem obsedar e dominar milhares de pessoas na Terra. Nós somos dois de seus melhores homens. Ele nos mandou aqui para acabar com essa área de luz que não pode controlar. Mas aconteceu algo estranho."

Ben comentou: "O chefão nos domina pelo medo. Você acha que ele pode nos controlar aqui?"

Ray disse simplesmente: "A luz é mais poderosa do que a escuridão. Onde há luz, a escuridão é transmutada."

Ben, tentando entender o que estava acontecendo, disse: "Este aqui é o Mel. Nós conhecemos todos os truques possíveis, mas neste lugar a coisa toda parece insignificante e tola. Você exerce algum poder sobre nós?"

Ele olhava diretamente para mim e senti o apoio de Ray enquanto eu respondia: "Cada um de nós tem um poder interno de sabedoria e luz que vem de nosso próprio nível superior de consciência e que nos libera das trevas que aprisionam o nosso verdadeiro Ser. Aqui vocês começam a sentir o próprio e maravilhoso poder interior, poder esse que haviam entregado ao seu chefe."

Lendo seus pensamentos, Ray aproveitou a deixa e disse: "Vocês são bem-vindos aqui, onde podem ficar dentro da segurança desta área de luz protetora. Vocês têm uma imensa experiência que, se apresentada num drama, poderia ajudar muitas pessoas a entender e a evitar as vibrações inferiores que as estão dominando. Elas podem despertar para o próprio poder interior, exatamente como vocês estão fazendo agora."

Com a convicção de que aqueles dois elementos tinham sido conduzidos para lá por suas almas, tive esperanças de que considerariam a oportunidade que lhes fora oferecida suficientemente desafiante para permanecerem ali e produzirem uma grande peça que revelasse todos os truques do esquema ardiloso de Shadowland. Com relutância tive de deixá-los, pois estava sendo chamada por meu mundo tridimensional a fim de me reunir com um grupo para uma pequena vivência no centro onde moro.

Durante todo o dia continuei pensando em minha conversa com Ben e Mel, conjecturando sobre os truques que eles tinham mencionado. Naquela tarde, em minha hora de recolhimento no Reino Azul, perguntei a Martreb sobre os ardis que estavam sendo empregados em Shadowland para abalar nossa vida terrena. Ele me revelou um dos mais intrigantes meios, pelo qual as pessoas podiam ser induzidas a uma condição vulnerável e seriam facilmente obsedadas e controladas. Ele explicou: "Nesses tempos de rápidas mudanças através do despertar espiritual consciente, um dos truques mais fáceis é anunciar o uso de drogas como uma abertura para a experiência espiritual. Isso passa a imagem de que **as drogas podem abrir um canal de percepção para um nível superior de consciência, mas, desgraçadamente, o que as drogas realmente abrem é um alçapão para um nível astral inferior.** À medida que a pessoa vai se viciando, algumas das células do cérebro se tornam mortas ou paralisadas, levando-a a abrir mão de seu poder; isso bloqueia a magnífica energia eletromagnética que se abre para os níveis superiores de nossa consciência. Vibrações inferiores desconectam a habilidade normal de se sintonizar a ligação intuitiva superior com o nosso instrutor interno. Isso retarda profundamente o progresso de uma pessoa nesse momento de grande expansão de consciência."

Foi-me demonstrado então que enfrentamos contínua e rápida mudança à medida que atravessamos o abismo deste ciclo solar com o seu milênio final, para o grande novo ciclo, logo após o início do próximo milênio. Esse abismo é como um grande útero no qual estamos desenvolvendo nossa consciência enquanto nos preparamos para a vida, individual e coletivamente, num planeta com comunicação instantânea e sem lugar algum onde se esconder.

Ele me mostrou então alguns símbolos da rápida mudança ao longo dos últimos 200 anos, a maior parte deles neste século: nas áreas de comunicação, transporte e segurança, identificamos padrões desde o serviço postal por mensageiro, barcos a vapor, estradas de ferro, caminhões e ônibus, correio aéreo, telégrafo, telefone, transmissões a fax... e para onde estamos indo? Para a telepatia mental? Da defesa com os punhos, dardos de sopro, arco e flecha, a espadas, machados e lanças e armas de fogo, guerra química, aeronaves invisíveis, bombas nucleares... Para onde estamos indo? Em direção à segurança interior que promove a paz e a prosperidade de todos os seres?

Martreb declarou: "As únicas pessoas que aparentemente se beneficiam com a guerra são aquelas que ganham milhões de dólares com armamentos e sempre mantêm em algum lugar uma guerra em andamento para vender seus instrumentos de morte. Mesmo assim SÃO ELAS QUE MAIS PERDEM pois, eventualmente, têm de encarar a destruição e o seu compulsivo vício por poder e dinheiro, ficando algumas aprisionadas durante séculos em Shadowland, onde consolidam o seu padrão maléfico manipulando seres viventes na Terra que, em algum grau, estão sintonizados com vibrações inferiores."

Posteriormente naquela noite, meus pensamentos transitoriamente captaram a lembrança de Ben e Mel, que pareciam estar se infiltrando em minha consciência por alguma razão. Eu aguardava ansiosamente pela próxima hora de quietude que, eu esperava, me proporcionaria uma melhor compreensão do motivo pelo qual aqueles dois estavam sendo tão intensamente alvos da minha atenção.

Na madrugada do dia seguinte eu tive um sonho momentos antes de acordar. Eu passeava ao longo da calçada de uma cidade onde havia um grande número de pessoas, quando notei uma estranha ocorrência. Na agitação do momento ninguém parecia estar vendo que um homem com um pequeno frasco de "spray" escolhia certos transeuntes e borrifava uma pequena e quase invisível névoa em seus rostos, o que os cegava e os deixava sem reação. Aí então ele os levava para um canto, com as costas contra um muro ou escadaria, e roubava tudo de valor que possuíam. Ao ver que o homem vinha em minha direção, procurei esconderijo atrás de uma caixa de correio, esperando que ele não me visse. Ouvi-o jogar dentro da caixa de correio o frasco que estivera usando, quando notei que dois policiais se aproximavam. Fiz sinal a eles e tentei explicar-lhes o que estivera acontecendo. Eles olharam para o homem que estava parado serenamente, escondendo às costas um saco com as carteiras e valores roubados. Um policial disse: “Esse homem não está fazendo nada. Não podemos prendê-lo.” “Vocês não podem examinar a sacola que ele esconde atrás de si?”, perguntei. “Muita gente carrega sacolas,” foi a sua resposta, “mas vamos falar com o homem.”

Quando eles se aproximaram, o homem os saudou e, apanhando o bornal, foi se afastando junto com os policiais. Com um arrepio achei que eu havia reconhecido os dois como Ben e Mel. Um policial desceu de um veículo e tentei lhe explicar o que havia ocorrido. Vendo os dois policiais com o homem, ele disse: “Parece que tudo está sob controle agora.” Acordei, então, com um sentimento de apreensão.

Tudo o que estava acontecendo em minha vida durante esse período — as experiências e a escrita —, parecia ter um propósito. Sentei-me em contemplação, tentando descobrir a razão do sonho e dessa recordação. Eu me indagava se devido à fluidez do padrão do corpo etérico, com ajuda e direcionamento, uma mudança poderia ocorrer assim tão rapidamente nas vibrações de Shadowland. Tinha de admitir que, certamente, eu havia presenciado uma mudança miraculosa nos adolescentes que havíamos socorrido à medida que eles entravam em contato com a poderosa Luz e as energias superiores do Teatro Hubert.

Capítulo 14

A entrevista

Quando chegou a hora de minha visita ao Reino Azul, tentei liberar a mente a fim de não confundir o que estava à minha espera. Freqüentemente, havia me deparado com experiências inesperadas, prazerosas e desafiantes que eu não teria aproveitado caso tivesse ido para lá com idéias preconcebidas.

Martreb e Ray me encontraram nessa manhã com novidades sobre os dois rapazes. Ray disse: "Ben e Mel partilharam conosco algumas de suas bem marcantes experiências e estão ansiosos por você registrálas a fim de serem aproveitadas numa peça." Martreb esclareceu: "Sua habilidade em se entregar por inteiro no que quer que estejam fazendo, aprendida com seu chefe, pode ser uma grande vantagem em nosso trabalho. Eles parecem estar totalmente conosco, além de possuir uma energia propulsora que é exatamente o que precisamos à medida que outros centros e teatros vão sendo criados. O trabalho mostra-se forte e suficientemente consolidado para se expandir. Ray irá acompanhá-la ao Teatro Hubert esta manhã."

Enquanto eu ouvia Martreb e Ray elucidando certos pontos, presenciei o fascinante processo que ocorria no nível da alma com a sua sincronicidade e poder intuitivo. O Reino Azul era um dos pontos focais numa rede de auxílio de longo alcance que se mobilizava para inspirar pessoas em nosso planeta Terra. Pensei no livro que estava sendo escrito por minha mão e que às vezes se manifestava em ritmo mais rápido do que eu podia escrever. Eu nunca sabia o que viria a seguir.

Ray voltou-se para mim e disse: "Em nosso caminho daremos uma parada no Pináculo da Luz onde o Instrutor tem alguns contatos especiais para ser agilizados." Por tão longo tempo tinha o magnífico Pináculo estado além da minha experiência... Agora nos raros momentos em que entro em sua radiosa luz e estimulantes energias, sinto uma grande inspiração. Quando entramos, percebi que estava recebendo ajuda para o trabalho que iria fazer.

Enquanto estávamos a caminho, contei a Ray sobre o meu sonho e o sentimento de alerta que tive a respeito de Ben e Mel. Ele disse: "Na hora em que você estiver falando com eles e registrando a conversa, ficarei num lugar de onde possa estudar quaisquer subcorrentezas em suas mentes. Felizmente eles não podem sintonizar nossos pensamentos, pois estamos numa freqüência diferente dos cativos de Shadowland. Com as energias que iluminam o teatro, nós sabemos que eles não podem prejudicar ninguém, mas o alerta deve ter sido dado por alguma razão. Pediremos a proteção especial do Reino Azul."

"Eles podem influenciar lá qualquer dos jovens através de telepatia mental ou de algum tipo de controle?", perguntei.

"Não sem o nosso conhecimento. Mas tenho uma idéia. Se alguém do Grupo de Almas se oferecesse como voluntário para se juntar a eles, trabalhando em equipe, isso lhes daria proteção extra e ao mesmo tempo os talentos dos dois poderiam ser desenvolvidos de forma mais completa e segura no trabalho. Isso os protegeria e ajudaria em seu próprio progresso."

Com essa garantia, liberei minhas preocupações e fiquei aguardando a entrevista com ansiedade e confiança. Ray esclareceu: "Martreb se reunirá a nós em breve, pois ele também sentiu que você poderia precisar de sua proteção durante a entrevista com os dois." Depois, referindo-se ao meu sonho e aviso, continuou: "Tenho a certeza que, de qualquer maneira, o trabalho do Grupo poderá ser muito maior com essa salvaguarda, pois estamos entrando numa nova fase desta experiência que exigirá uma atenção extra."

No momento em que entrávamos no teatro, Martreb surgiu repentinamente e nos puxou para um lado com a notícia: "Quanto a Jed, a entidade que tem estado controlando Ben e Mel, foi arranjado um incidente para desviar sua atenção da Luz deste centro e de seus dois comparsas, a fim de lhes assegurar maior liberdade à medida que o trabalho se desenvolve. Isso também a manterá a salvo em seu trabalho conosco, embora, de qualquer maneira, Jed não esteja em posição de saber sobre o seu envolvimento."

Fiz um breve relato sobre o sonho a Martreb e disse: "Sei que minha alma no Reino Azul deu-me este alerta. Há alguma instrução especial que preciso saber antes de encontrar-me com Ben e Mel?" Martreb me advertiu novamente: "Um Raio de Luz Azul estará focalizado em você; é vital que permaneça conectada com ele. Mantenha aquele raio de sol interno brilhando. Somente abrindo-se ao medo ou à negatividade é que você poderá ser atingida."

Sentindo o apoio e o conforto da sabedoria e zelo de Martreb, eu pensava sobre a entrevista quando ele continuou: "Estamos lhe dando proteção total, pois ainda não tivemos a oportunidade de lidar com uma vibração dessa profundidade antes. O Grupo estará monitorando e mantendo Luz extra em prontidão, caso haja necessidade. Tomamos todas as precauções e ficaremos de vigília permanente com muito amor e reconhecimento, enquanto todos nós trabalhamos em função da remoção de elementais destrutivos que possam afetar as pessoas na Terra."

Por um momento ele pareceu estar em profunda concentração e depois disse: "Estamos diante da árdua tarefa com a qual a humanidade está se defrontando. Em nosso trabalho, os desafios à nossa frente são para ajudar a limpar o máximo possível de Shadowland. Através desse nosso trabalho podemos ajudar muitos a despertar e atentar para os perigos ocultos nos campos minados da vida, como o aliciamento pelos barões das drogas, guerras, prostituição e corrupção. São como escravos acorrentados, forçados a remar nos antigos galeões."

Antes de entrar no teatro, perguntei: "Como devo agir nesta entrevista? Não tenho experiência alguma como jornalista."

Martreb foi tranqüilizador: "Escreva apenas o que esses dois tiverem a dizer no momento. Nós decifraremos o que você registrar mais tarde, retratando um quadro claro e verdadeiro, que seja de valia àqueles que chegarem aos Centros de Luz."

"Isso será uma peça a ser apresentada no Teatro Hubert?", perguntei. Martreb explicou: "Com base nas experiências daqui, neste Centro de Luz, é provável que desenvolvamos um novo centro voltado ao manejo de vibrações mais pesadas, sob a guarda dos mais avançados do Grupo do Reino Azul. Estaremos trabalhando com outros que cooperem na limpeza da poluição e das vibrações inferiores do planeta Terra. Shadowland é a nossa missão. O registro das experiências de Ben e Mel é parte do próximo passo a ser dado."

Ao entrar no teatro fomos conduzidos a um recinto tranqüilo. Martreb e Ray permaneceram comigo, mas se instalaram na parte posterior quando Ben e Mel chegaram. Cumprimentei-os com o sentimento de confiança e aceitação, dizendo: "Esse será um grande e novo campo de trabalho para mim, aprendendo e registrando as experiências que vocês têm a partilhar. Vocês têm tanto a contribuir com o importante trabalho de liberdade e progresso!" Principiei a entrevista com uma pergunta condutiva: "Como foi que vocês foram atraídos para essa situação que os levou a perder o domínio sobre suas vidas?"

Após um momento de hesitação e reação interior às implicações da questão, Ben, o mais experiente dos dois, começou a falar: "Mel e eu fomos companheiros de infância num bairro muito violento. Esses adolescentes aqui pensam que tiveram uma vida dura, mas isso não é nada se comparado com o modo como fomos criados. Era uma luta contínua para nos mantermos vivos. Nossas mães eram prostitutas e quase não fizeram nada por nós. Éramos espancados por qualquer motivo e muitas vezes tivemos de roubar para ter o que comer. A escola era um saco de gatos. Nós queríamos aprender, mas os moleques 'da pesada' nos batiam, a menos que fizéssemos o que eles queriam. Éramos molestados e não sabíamos como escapar.

Um dia um cara se aproximou de nós e nos ofereceu um fumo que fazia a gente se sentir mais forte a princípio, mas que me dava náuseas. Porém ele continuava a dizer que a gente teria toda a ajuda de que precisasse, inclusive dinheiro. Por isso nós fomos com ele até um lugar onde havia um monte de comida e lá, alguns caras fizeram a gente se sentir importante. Eles nos mostravam como induzir outros garotos que tivessem bastante dinheiro a 'escapar' por meio de drogas. A seguir eles nos introduziram na cocaína, e tudo se tornou novamente uma corrida de ratos. Uma voz costumava me perseguir, sugerindo que eu acabasse com a vida como saída. Descobri que Mel também estava sendo controlado por alguma força estranha. Nós dois queríamos cair fora!

Então uma noite, juntos, tomamos uma 'overdose' da coisa e caímos num inferno maior do que nunca. Nossos corpos físicos estavam mortos, mas nós estávamos ainda em sofrimento e terrivelmente amedrontados porque não sabíamos onde estávamos. Aí apareceu um rapaz que nos levou até o Jed, que disse que tomaria conta de nós. No começo não era mau. Descobrimos que por alguns meses fomos observados, rotulados e preparados para nos juntarmos a essa gangue. Alguns nos advertiam para fazer exatamente o que nos ordenavam e nunca desobedecer ao Jed porque ele nos dominava com terror e tortura." Ele parou de falar como se a memória de Jed o tivesse apanhado desprevenido.

Enquanto Ben permanecia quieto, Mel acrescentou: "Ben e eu ficamos juntos e decidimos trabalhar para o Jed, e ver o que acontecia. Sentíamos que não havia outra opção. Fomos treinados para ficar na espreita e quando encontrássemos jovens que tinham sido induzidos a se matar, trazê-los para se juntarem à nossa gangue. Isso era fácil, já que os pobres meninos não tinham nenhuma defesa." Ele fez uma pausa e eu perguntei: "O seu trabalho com Jed era apenas em Shadowland?"

Ben respondeu: "A etapa seguinte chegou quando começamos a manipular adolescentes na Terra, viciando-os em álcool e depois em drogas. Aí, com certos impulsos nós conseguíamos possuí-los e levar centenas deles a tentar o suicídio. Existia algum poder que salvava muitos deles, mas tivemos bastante sorte e começamos a conseguir que um número bem grande viesse se juntar a nós aqui. Quase todos eles estavam aterrorizados demais para pensar ou protestar.

Então o Jed nos graduou para o que ele chamava de trabalho de verdade. Começamos a controlar pessoas que tinham ficado bem viciadas em drogas; algumas por drogas prescritas por médicos quando internadas em instituições, além de a coisa ser vendida nas ruas. Gradualmente penetrando seus corpos e através dos impulsos e vozes internas, nós conseguíamos controlá-las. Depois veio o treinamento que tanto fascinava Jed: fazer os bobocas cometerem crimes — pequenos a princípio. Jed nos elogiava e dizia que éramos realmente bons naquilo."

Mel interrompeu: "Ben era o melhor. Às vezes eu me sentia apavorado e horrorizado quando via os terríveis crimes sexuais. Mas eu precisava dominar aquele sentimento, do contrário Jed me pegava. Felizmente ele tinha um bando tão grande trabalhando que não prestava muita atenção a nós, individualmente."

Perguntei: "Qual é a extensão do trabalho de Jed?"

Ben respondeu: "Ele faz parte de um grupo que tem alguma infiltração na maioria dos governos do mundo, inclusive no Leste, difundindo a corrupção que envolve poder e dinheiro. A grande chance de Jed veio quando as drogas, a prostituição e o crime começaram a se difundir a partir do Ocidente para se infiltrar na Rússia, China e países orientais, o que abriu um grande território de gente crédula."

A chocante constatação atingiu-me violentamente naquele instante, pois apenas uns dias antes eu tivera notícias de mais um outro agradável país dilacerado pela guerra. A Iugoslávia foi um dos países mais belos e tranqüilos que já visitei, com pessoas de culturas diferentes vivendo juntas de forma bem pacífica. Minha atenção por um momento voou para Ray, que alguns anos atrás havia levado vinte jovens dos Estados Unidos para estudar em diferentes partes da Iugoslávia. Pensei: Ainda bem que ele havia ido para um plano superior antes do início da destruição desse lugar e das pessoas que ele amava. Mas captei sua mensagem: "Eu estou mais do que ciente do holocausto."

Fui trazida de volta à entrevista enquanto Ben continuava: "Jed segurava com mão de ferro o seu território em Shadowland, com uma irreprimível compulsão por controle. Foi então que este pequeno centro, com sua luz protetora, tornou-se um espinho e um estorvo para ele porque os seus jovens recrutadores em treinamento estavam tendo dificuldade em capturar diversos recém-chegados que estavam sendo atraídos para este teatro. Isso era algo que ele não podia tolerar."

Ele ficou em silêncio e pude perceber um pouco do que estava sentindo. Mel continuou a conversa: "Por isso Jed escolheu o Ben para vir e dar um jeito nisto aqui, este pequeno mas incômodo centro de Luz. E o Ben insistiu que eu viesse com ele. Então Jed concordou."

Por um momento captei o mesmo pensamento simultaneamente em ambos: "Esta é a saída que nós pensamos que jamais encontraríamos, mas será que podemos ficar aqui?"

Após alguns instantes, Ben falou novamente: "A coisa surpreendente é que, vindo aqui, nós encontramos outra saída. Este centro é o que eu sonhei quando era um guri. Eu nunca iria querer deixar este lugar. Espero que possa ficar e desejo que o meu trabalho aqui apague algumas das coisas horríveis que andei fazendo."

Martreb se apresentou então e disse: "Ben, o seu trabalho aqui pode ser de fato de grande valor para muitos, tanto em Shadowland como na Terra. Através do que você puder revelar, muita gente poderá compreender a vulnerável posição em que está no plano terreno. Isto é de importância vital, especialmente para os jovens que possuem um potencial tão grande, mas que estão sendo tragados e encobertos na manipulação de suas vidas. Mas existe ainda mais uma saída, como acabarão por descobrir, e para a qual podem preparar o caminho. Aqui vocês podem abrir a ligação com a parte superior de seu próprio ser e, quando chegar a hora em que teriam morrido normalmente, serão elevados para o magnífico plano de sua alma, que chamamos de quarta dimensão. O seu trabalho aqui irá afetar sobremaneira o progresso que podem fazer naquele plano superior, com o qual estão inextricavelmente interligados."

Os dois jovens tinham acompanhado as palavras de Martreb com profunda intensidade e pude sentir sua dificuldade íntima de compreender. A seguir, um período de silêncio lhes deu a chance de considerar essa possibilidade e de reconhecer uma liberdade pela qual eles tinham sempre procurado. Quando captamos sua esperança de poder permanecer naquele centro de Luz, Martreb ajudou-os, dizendo: "A escolha é sua. Vocês serão muito bem-vindos se se juntarem a nós neste trabalho que está se expandindo agora, mas isso requer seu compromisso total, sem qualquer dúvida ou hesitação, numa aceitação completa e disposição de trabalhar com o grupo daqui, desenvolvendo suas habilidades e talentos e ajudando de muitas maneiras à medida que salvamos outros."

Isso produziu uma resposta imediata, pois os dois rapazes pediram para ficar e expressaram sua ansiedade em saber como poderiam ser úteis. Naquele momento de sua aceitação, Martreb fez a força total do Raio de Luz Azul descer sobre Ben e Mel e, dentro dele, eles viram a própria e delicada linha de Luz.

A experiência, tão marcante para Ben e Mel, permaneceu comigo quando a sessão terminou e eu voltei à consciência da terceira dimensão para decifrar essa primeira entrevista a partir das minhas rápidas anotações.

Capítulo 15

O grande experimento humano

À noite eu tive um sonho no qual toda a humanidade estava envolvida em conhecer níveis diferentes de vibrações. Quando acordei, tudo o que pude me lembrar foi algo acerca de um grande experimento. Em geral, quando um sonho era portador de uma mensagem real, ele se repetia ou era confirmado dentro de alguns dias.

Algumas manhãs mais tarde, no Reino Azul, nós estávamos estudando uma parte de Shadowland quando, de repente, uma questão que há muito estivera borbulhando em minha mente veio à tona e eu perguntei: "Nós estamos trabalhando para libertar alguns poucos que respondem mais facilmente à nossa oferta de ajuda, mas o que tem sido feito para limpar Shadowland dos terríveis perpetradores de crimes, guerras e destruição na Terra?"

Houve um longo silêncio e finalmente alguém disse: "Você está conosco apenas uma pequena parte do tempo, mas nosso trabalho continua ininterruptamente. Em virtude das limitações e da vulnerabilidade do seu corpo físico, o seu trabalho deve continuar nas áreas menos escuras, onde um grande número de seres está sendo preparado para um progresso mais apurado."

É verdade, pensei, mas isso não é uma resposta à minha pergunta. Era óbvio que eu deveria continuar a esperar. Inesperadamente senti uma profunda afinidade com aqueles em Shadowland que precisavam esperar por sua libertação, não importando o tempo que isso levasse. Vi a importância de aceitar esse fato e de usar meu tempo da melhor maneira que pudesse.

Um pouquinho mais tarde, quando Martreb reuniu-se a nós, percebi que ele já sabia da minha pressa em entender mais sobre o que estava acontecendo. Naquele momento, também dei-me conta de que ele, como meu protetor, era quem tinha o direito de responder à minha pergunta, porque era responsável por me guiar em minha experiência e me dar as informações necessárias acerca das condições em Shadowland.

Após ter participado de algumas decisões com o Grupo, ele me puxou para um lado e disse: "É chegada a hora em que posso lhe explicar outra etapa do seu trabalho. Embora essa não seja uma área em que você irá participar ativamente, é importante que entenda a abrangência do trabalho do ponto de vista do relato e da escrita a serem feitos por você. Parte disso será testemunhada e relatada a partir da proteção do Reino Azul. Ao mesmo tempo você começará a ver uma relativa interação entre a limpeza que está sendo feita em Shadowland e os avanços ecológicos em seu mundo tridimensional, especialmente no que diz respeito à geração mais jovem."

A resposta de Martreb nessa experiência matinal fez-me compreender que eles haviam esperado para me revelar essa nova etapa até que eu solicitasse. Mais uma vez ficou claro que, por causa do livre-arbítrio, precisamos pedir ou abrir caminho para que a ajuda que está aguardando possa se manifestar partindo de um plano superior. Essa sincronicidade exata do nível da alma, no qual estamos trabalhando tão intuitivamente uns com os outros, tornou-se ainda mais convincente. Eu tinha uma nítida sensação de que estava recebendo um treinamento que, através da empatia, levava-me a experimentar reações semelhantes àquelas dos adolescentes de Shadowland.

Martreb tinha partido para outra tarefa, deixando-me refletir sobre os meus sentimentos. Descobri que eu havia sido colocada de frente para uma tela, sobre a qual algumas luzes brilhantes e coloridas estavam captando minha atenção. Isto deve ser parte do meu treinamento, pensei, ou um exercício especial de relaxamento, como ocorre com freqüência quando venho a este reino e sou encorajada a descansar e a acumular novas energias para o trabalho do dia. Descontraída, eu observava a interação das cores quando, repentinamente, fiquei alerta. Numa mudança rápida, as cores formaram as palavras: "O GRANDE EXPERIMENTO."

Recobrando total e arrebatada atenção, ouvi o apresentador dizer: "Todas as pessoas na Terra, e todos os que têm tido ligação com a Terra, têm um papel permanente neste Experimento." A maior parte da ação foi exibida num fluxo vibrante de energias e cores, do qual eu pude captar somente a essência e o significado em palavras.

Advindos de um nível de elevadas vibrações, quase invisíveis, muitos seres em forma de centelhas de luz estavam se oferecendo como voluntários para aceitar a dádiva bastante especial do livre-arbítrio e a responsabilidade pelo uso desse poder, com sabedoria. Isso lhes permitiria usar habilidades criativas em cooperação com um magnífico plano divino. Esse ilustre grupo ficou conhecido como a grande Família Humana.

Um outro extenso grupo ficou conhecido como o Reino Elemental. Ele foi enviado para criar a beleza e a magia do mundo natural com o qual a família humana viveria e criaria tesouros. Os seres elementais eram também responsáveis pela criação dos complexos e sempre mutáveis corpos, nos quais cada espírito humano individual viveria e criaria na Terra.

Uma terceira grande família, coincidindo em número com a família humana, os Anjos, com o seu amor altruísta e Luz, ficara de guiar e ajudar cada um dos humanos. Somente aos membros da família humana foi dado o livre-arbítrio, com o qual decidir o que criar. Os participantes dos reinos Angélico e Elemental eram automaticamente guiados a partir de um nível superior que trabalhava com energias criativas e construtivas.

A fascinante e tremendamente desafiadora tarefa foi muito bem por um grande período de tempo, pois todos se lembravam de que estavam ligados à Fonte de sua energia. Eles sabiam quem eram, conheciam o seu poder criativo e as suas áreas de operação. Havia um fluxo natural de energia à medida que eles desciam através de vibrações cada vez mais pesadas. Gradualmente, a sensação de poder, curiosidade e auto-importância os fez perder o contato consciente com a fonte de sua energia e o maravilhoso modelo que estiveram criando. Muitos principiaram a desenvolver formas grotescas, padrões e hábitos que eram destrutivos e que finalmente desencadearam um nível de vibração muito mais intenso do que fora originalmente planejado. Por causa disso, a maior parte deles se esqueceu de quem era e de toda a lembrança da fonte da energia. Eles perderam contato com os seus Anjos da Guarda e até mesmo deixaram de acreditar nos elementais, que continuavam a criar os corpos que estavam habitando. Tudo o que estivessem criando, tanto de construtivo, como de destrutivo, era refletido em seus corpos físico e emocional, o que começou a lhes trazer desconforto, disfunções e doenças. Neste experimento, o mais grave resultado de negatividade foi a manipulação da vida humana e a criação de formas-pensamento negativas.

Com a constatação de tantos humanos bloqueados e diante da possibilidade do fracasso do experimento, concebeu-se um plano de salvamento a partir da Fonte Superior, por meio do qual cada ser humano, no período entre as encarnações, seria trazido de volta ao nível superior para rever o que estavam criando e renovar a sua visão. Lá, com cuidadosa ajuda, podia planejar os reajustes que precisaria efetuar em seu próximo período de vida na Terra.

Enquanto decidiam sobre a necessária correção de curso, eles cuidadosamente selecionavam os pais terrenos que melhor poderiam ajudá-los a executar seus planos e compromissos. Isso estava condicionado aos pais disponíveis, à cultura dentro da qual o ser nasceria e aos credos, atitudes, padrões e habilidades da família selecionada.

Esses ciclos de vida e morte como períodos de revisão e renovação continuariam para cada pessoa enquanto fosse necessário fazer uma erradicação total de suas criações destrutivas passadas e o uso negativo de energia. Freqüentemente, as crises na vida das pessoas vêm de um nível superior para ajudá-las a compreender que, voltando-se para a dimensão da Alma, elas serão auxiliadas em seu despertar e na resolução de seus problemas. Quando os elementos de destruição são pesados demais para resgates individuais, um violento cataclismo leva a maior parte da humanidade para um longo e forçado período de "revisão e renovação", até que, de novo, os seres possam gradualmente retornar à Terra e completar o seu processo de resgate.

O narrador apareceu em cena para falar sobre a Atlântida, uma época de grandes extremos, onde havia um amplo desenvolvimento espiritual e um devastador grau de depravação. Ele explicou: "Através de tecnologia avançada, muitos estavam fazendo mau uso de seus poderes criativos, manipulando a vida humana de maneiras grotescas, realizando experimentos com a própria estrutura da matéria e desenvolvendo devastadores instrumentos de destruição.

"Aqueles que estavam mais avançados, espiritualmente, foram levados a outras partes do mundo, deixando monumentos para ser mais tarde descobertos em lugares como o Egito e a América do Sul, marcando a presente história conhecida do mundo. A Atlântida, então, num violento cataclismo, desapareceu sob as ondas, levando os que estavam intencionalmente profanando a vida humana. Eles tiveram de ser desterrados por um período de longa revisão e renovação, enquanto os grandes e violentos ciclos de tempo passavam; somente no último século e meio lhes foi permitido retornar à Terra para resgatar o seu trabalho destrutivo do passado e, ao mesmo tempo, desenvolver meios de servir à humanidade. Trouxeram com eles a memória oculta da tecnologia avançada, que agora tem se desenvolvido tão rapidamente. Porém, mais uma vez, pessoas tentadas pela curiosidade, compulsões internas, poder e dinheiro, estão trazendo ao século XX a terrível destruição do nosso lar terreno e a manipulação da humanidade."

A cena desapareceu gradualmente e o apresentador declarou: "Através de todos os tempos há aqueles que, completada a sua redenção de delitos passados, ascenderam a reinos superiores. Mas agora, nessas energias superiores e nas rápidas mudanças do presente século, milhões de indivíduos têm tido esta oportunidade. Essa foi a mensagem do grande Mestre no começo da Era de Peixes, dois mil anos atrás."

Eu vi que quando um indivíduo ou um grupo de indivíduos completa o seu resgate, abrindo-se inteiramente à radiante Luz interior da sabedoria de sua realidade espiritual e ao amor e alegria que transformam, ascende a um reino superior (para um trabalho mais avançado no caminho de volta às vibrações superiores de onde ele veio).

Agora, neste século, como um grande ciclo solar está terminando, vivemos a oportunidade de ser testados. Abriu-se um amplo espaço de liberdade no qual as pessoas se confrontam com uma série de testes para saber o nível de preparo que adquiriram no uso de seu livre-arbítrio e energia criativa. Cada indivíduo na Terra revela aos Guias desse Experimento o grau que finalmente atingiu de controle interno, de desenvolvimento e capacidade de permanecer equilibrado durante as grandes explosões de tecnologia, consumismo e materialismo. As pressões interiores tornam-se mais intensas entre a bestial ação secreta dos vícios e a tentação das vibrações inferiores apegadas à terra e à morte, e o superior poder de transformação da alma humana, com o seu conhecimento da vida e do plano eterno.

Foi-me demonstrado como a batalha interna pode rapidamente efetuar modificações quando as pessoas conseguem reconhecer e cooperar com o auxílio ilimitado que está sempre pronto a se manifestar a fim de transmutar os desafiantes problemas da vida. Pensei novamente em Ben e Mel e na mudança que neles havia se operado. Surgiu um caleidoscópio de cores e a cena mudou.

Todo o espectro da consciência humana podia ser entendido, como as lentes de um telescópio, a partir do Grande Espírito, da Fonte da

Criação, em todos os seus níveis de manifestação na Terra. Observadores viam a humanidade muito claramente: nossos pensamentos, intenções e limitações. O Apresentador explicava: "A Força do Espírito de cada indivíduo é ampliada até a sua capacidade máxima de desenvolvimento na Terra, para ir se tornando mais forte à medida que cada parte que foi ampliada for recolhida de volta. E assim, até que tudo fique novamente recomposto em sua magnífica inteireza, trazendo os tesouros da experiência acumulada nesse experimento. Como as lentes num telescópio, todas as partes de seu ser espiritual estão em ação ao mesmo tempo, mas no nível terreno você fica consciente apenas do mundo tridimensional, incluindo a segunda dimensão ou subconsciente e o corpo material. Cada nível superior inclui todos os níveis inferiores dentro de si.

"Após milhares de anos de lento progresso, tem lugar uma mudança vertiginosa no plano terreno. Observadores da humanidade presenciaram um grande desenvolvimento em tecnologia que expandiu a consciência humana até mesmo a viagens espaciais. Entretanto, essa mesma tecnologia dilacerou o corpo vivente da Terra, poluindo suas veias e pulmões e destruindo uma grande parte de seus recursos, tornando-a vulnerável a doenças, o que é terrível tanto para a Terra como para os homens."

A cena se tornou mais brilhante e vi uma ajuda especial que tinha sido incluída nesse experimento, mas que havia sido esquecida pela maioria das pessoas. Envolvendo a Terra, ocorria uma magnífica operação de resgate feita por uma hoste de Anjos e de Almas evoluídas que já tinham passado pelos testes e que estavam trabalhando em níveis superiores. Eles irradiavam energias vivificantes ao corpo etérico das pessoas na Terra. Todos aqueles que estão com o coração e a mente abertos para receber o inspirado impulso, podem despertar para o trabalho de limpar sua vida e a Terra, em preparação para o nascimento em nível superior da consciência.

> O narrador desafiava: "Com essa ajuda, milhões de pessoas estão despertando de sua tediosa existência para começar a descobrir o verdadeiro poder interno e a beleza do seu Ser Maior. Corações e mentes estão se abrindo para as energias superiores, das quais necessitamos mais do que nunca para enfrentar os violentos testes neste período de mudanças profundas.

"Infelizmente, há muitos que, apavorados com a idéia de perder o controle sobre as pessoas, estão se agarrando tenazmente a seus vícios e ao aviltamento das dádivas sagradas do poder criativo e do livre-arbítrio, ignorando os preciosos valores da vida. Em seu desespero, tentam arrastar todos os que estiverem abertos a forças negativas e destrutivas, através de drogas, pornografia, guerras, corrupção e falsos valores materiais. Tendo perdido contato com a realidade essencial, eles estão presos num círculo vicioso de posses e poder. Ganância e ignorância os têm levado a lançar mão de quaisquer meios para continuar adquirindo maior poder e mais e mais dinheiro. Isso está causando um desequilíbrio na circulação de energia na Terra, resultando em excesso de abundância para alguns e extrema carência para a grande maioria da população do planeta."

A cena terminou com o aparecimento de um vasto número de pessoas trabalhando para executar a melhor limpeza possível dentro de si, através da ecologia interior, e a extensa limpeza da poluição e destruição na ecologia da Terra. A seguir, vi esse processo se estendendo a grandes áreas de Shadowland.

Eu estava tentando compreender tudo isso quando Martreb se juntou a mim. Houve um longo momento de silêncio e depois perguntei: "Como podem os indivíduos ser ajudados a descobrir que estão abrindo mão de seu poder criador quando lutam uns com os outros, até mesmo dentro de religiões e de nações, tornando-se escravos de mecanismos de guerra e de crimes?"

A resposta de Martreb restabeleceu o foco do trabalho em Shadowland: "A resposta se esconde, em grande escala, em pessoas que por ignorância se deixam manipular por forças vibratórias inferiores, o que resulta em contínua divisão. Essa ação debilitante não possibilita a unidade que dá força e poder interiores. Ao mesmo tempo, muitas pessoas parecem precisar de uma crise aguda em sua vida para que possam acordar para a sua responsabilidade de criar energias equilibradas em si mesmas e no mundo. A humanidade está acamada e doente, tentando desesperadamente se curar mas, ainda assim, continua produzindo a poluição que é uma das causas da sua doença. Ondas sutis de energia estão começando a provocar um novo despertar consciente, um reconhecimento do papel vital que as pessoas precisam representar."

Admiti: "Às vezes sinto-me desafiada. As coisas parecem estar indo bem, depois eu deparo com mais outra barreira interna para vencer ou eliminar."

Martreb comentou: "Os testes servem para o seu despertar maior. Eles são como espelhos que refletem para você o que você estiver projetando através de seus pensamentos, sentimentos e ações. Dessa maneira, terá de aprender como encará-los e reconhecer a limpeza necessária. Essa limpeza é essencial para a sua segurança no trabalho com o Grupo superior dentro das energias lúgubres de Shadowland. Através desses testes nasce uma realidade mais segura.

* * *

Na manhã seguinte, quando entrei no Reino Azul, estava acontecendo algo que detinha a atenção geral do Grupo. Pela primeira vez senti-me totalmente deixada de lado. Tentei captar a essência do que era tão importante, mas consegui apenas sentir que se tratava de algum tipo de emergência ou ocorrência inesperada. A julgar pela concentração, soube que havia uma real preocupação com alguma coisa.

Finalmente, fiquei sabendo que duas das Almas mais avançadas tinham ido a Shadowland administrar alguma crise, enquanto, no visor, eles acompanhavam o desenrolar da ação com extremo cuidado. Eles mantinham um forte raio extra da Luz Azul de prontidão, mas por algum motivo não o estavam enviando.

Sentindo-me incapaz de ser de qualquer préstimo e não querendo atrapalhar, tranqüilamente me afastei e me sentei observando e escutando. Finalmente houve uma alteração e Martreb exclamou: "AGORA!", e o Raio de Luz foi enviado. Naquele instante, uma onda de alívio percorreu todo o Grupo. Cautelosamente me aproximei, mas toda a atenção estava focalizada no visor. Quando fui acolhida em silêncio no círculo, eles observavam os dois membros do grupo de socorro com um jovem envolto em Luz Azul se aproximando do Teatro Hubert.

Como essa experiência se encerrava e os outros regressavam ao trabalho de cura, perguntei a Martreb se teria tempo para me responder a algumas perguntas. Serenamente, ele concordou. "O que aconteceu em Shadowland que parecia ser uma emergência?", perguntei.

Martreb esclareceu: "Um pouco antes de você chegar, esta manhã, descobrimos que inesperadamente Jed, com um plano especial a ser executado, tinha afinal dado falta de seus dois homens, Ben e Mel. Lembrando-se onde os enviara, ele havia despachado um de seus homens de confiança para investigar o que havia acontecido e descobrir por que eles não haviam regressado. Ao se aproximar da área em volta do teatro, a Luz era tão forte que o homem não pôde entrar. Depois de um tempo, ele conseguiu atrair a atenção de um dos recém-chegados e, tendo-o atraído para além da Luz, começou a lhe fazer perguntas sobre Ben e Mel. O jovem disse que nada sabia sobre eles. Como havia deixado a proteção da Luz, ele ficou vulnerável e sob o irresistível controle vibratório da entidade escura que, pensando que o jovem estivesse escondendo informações, conduzia-o para o local onde Jed estava montando um intricado esquema.

"Amedrontado e desamparado, o jovem seguia-o cegamente, mas, de súbito, lembrou-se de como tinha sido salvo e conduzido anteriormente ao Teatro Hubert. Em silêncio ele orou pedindo socorro e seu grito abafado foi captado por sua alma, com um apelo imediato de socorro dirigido aos membros do Reino Azul. Dois membros do Grupo do Reino Azul, deslocando-se silenciosamente para não atrair atenção, alcançaram o jovem e a entidade escura enquanto eles ainda estavam longe de Jed.

"Esse foi o momento em que projetamos o Raio de Luz Azul que instantaneamente neutralizou as vibrações, libertando o rapaz que se voltou com imensa gratidão para os seus salvadores. Com medo de Jed e sem a energia que lhe fora retirada, o homem fugiu para outra área. Constatamos que Jed tinha ido avante com seu esquema, tendo recrutado outros para o projeto. Nesse ínterim, reconduzindo sem dificuldade o jovem ao teatro, as duas Almas se reuniram com Hubert e todo o grupo de jovens de lá para recomendar cuidado em tempo integral."

"Ben e Mel estarão a salvo ou Jed tentará novamente alcançá-los?", perguntei.

"Manteremos Jed sob observação, mas achamos que não haverá mais problemas, uma vez que ele tem um enorme grupo para executar seus planos. Além disso, uma das Almas mais avançadas do Grupo se ofereceu como voluntária para trabalhar com Ben e Mel e ajudar a desenvolver novos centros."

Agradecendo a Martreb, retornei ao meu atarefado dia no centro tridimensional onde vivo.

Capítulo 16

As almas trabalham em conjunto

Com freqüência tem-me sido demonstrado o quão claramente as almas trabalham juntas ou de uma maneira similar. Quando Rose Saffe, que vivera no centro alguns anos atrás, veio nos visitar, ela me contou sobre o seu trabalho nessa área intermediária. O que segue é parte do que ela partilhou comigo:

HOSPITAL NA DIMENSÃO TRÊS E MEIA:

Após a morte de meu pai em 1987, tive um sonho em que me via entrando num hospital. No corredor, encontrava-se uma senhora sentada numa cadeira de rodas. No fundo do meu ser eu sabia que ela podia andar. Falei-lhe com insistência que ela poderia andar normalmente; dois rapazes vestidos de branco aproximaram-se de mim e, de forma muito amorosa, perguntaram como eu havia chegado àquele lugar. Respondi-lhes simplesmente que não sabia. Disseram-me, então, que eu não estava preparada e que deveria voltar para o meu corpo. Num impulso fechei a porta e rapidamente voltei para o nível físico.

Quando acordei, eu sabia qual era a minha atribuição. Fui capaz de entender que, se eu tinha sido levada para aquele nível de carência, é porque era lá que eu deveria trabalhar. Pedi para ser levada de volta e encontrei-me novamente no mesmo lugar que antes. Notei uma velha senhora perto de mim implorando por ajuda. Seus braços e seios estavam gravemente queimados. Não sabendo o que fazer, pedi assistência ao nível superior. A seguir vi-me num quarto com um rolo de ataduras e algum tipo de pomada nas mãos, que seriam aplicados no corpo da mulher, da melhor maneira que eu pudesse. Logo me disseram para não agir da mesma maneira que no nível físico. A lei era diferente ali: a gente tinha apenas que pensar simultaneamente com um impulso do movimento, e todo o ser-

viço ficava pronto. Quando havia acabado, pedi ajuda e dois seres entraram e levaram a paciente a um local chamado Pavilhão 14, para convalescença.

Após essa experiência naquele nível de existência, muitas outras se seguiram. Lentamente fui me tornando familiarizada com a substância da área. Era muito parecida com o nosso mundo tridimensional, mas com uma vibração muito mais sutil. Aprendendo como atuar nesse plano, passa-se a participar de uma total compreensão de tudo o que precisa ser feito e você tem somente que agir. Com as inadequadas palavras da nossa terceira dimensão é difícil descrever o que acontece em outro nível. A informação completa chega até você, dispensando palavras ou explicações.

Saber como lidar com a substância é um aprendizado para todos os que chegam àquele nível. Um dos maiores problemas que se tem de enfrentar é o que fazer com seres que se sentem presos a seu espaço tridimensional. Essa situação geralmente requer assistência de pessoas do nível físico para atuar como um "fio-terra" ou uma espécie de ponte para conseguir sair dos limites conceituais de suas prisões. Por exemplo: eles chegam num estado de choque e exigem que seus corpos sejam recuperados. Têm dificuldade em assimilar a idéia de que possam estar "vivos" num leve corpo etérico altamente maleável, com o corpo físico destruído e morto. É por essa razão que naquele nível existem hospitais semelhantes aos conhecidos por nós no plano físico, onde é possível proporcionar-lhes ajuda em sua recuperação. Eles precisam de auxílio para entender esse novo nível de existência enquanto se tornam cada vez mais livres e capazes de subir para níveis superiores.

Quando eu estava visitando esse outro plano, distinguia os diversos seres por sua tonalidade. Há diversas tonalidades diferentes por meio das quais é possível adivinhar de que plano eles vieram, ou o seu nível de consciência.

Alguns seres encarnados têm permissão para ir ajudar naquele plano num estado consciente. Outros aceitam o chamado para ajudar, ficando, entretanto, totalmente inconscientes de seu desempenho durante o sono e tendo apenas uma ligeira lembrança, um sonho vago ou, então, não se lembrarão absolutamente de nada. Outros ainda, que já deixaram o corpo físico, também vêm colaborar, totalmente conscientes daquilo que estão fazendo. Com freqüência pode-se também reconhecer por lá outros seres oriundos de níveis mais sutis, prestando contínua assistência. Dentro de todas essas faixas vibratórias existem diversas graduações. Quanto mais evoluídos são, mais luminosos esses seres parecem ser.

ECOLOGIA EM TODOS OS NÍVEIS:

Ao mesmo tempo que estamos tendo campanhas ecológicas na Terra para limpar o planeta da poluição que criamos, nesse outro nível de existência a camada astral ao redor da atmosfera do planeta também está sendo limpa para remover a camada de dor e sofrimento em que está imersa.

À medida que a consciência de nosso planeta se torna mais intensa e desperta, as pessoas chegarão de seu lugar de origem a esse nível, mais cientes de sua condição. A demanda por colaboração é sempre grande e muitos de nós, consciente ou inconscientemente, estamos fazendo este trabalho. Se alguém desejar a confirmação disso, é só começar a tentar se lembrar de seus próprios sonhos e/ou perguntar sobre os sonhos de seus conhecidos. Iremos descobrir que alguns de nossos sonhos estão ocorrendo em estranhos ambientes de hospital e locais de cura.

Rose Saffe

Ao pensar no trabalho de Rose nesse nível interdimensional, meus pensamentos retornaram ao trabalho em Shadowland.

Eu sabia que outra conversa com Ben e Mel estava programada e eu me perguntava sobre o grau de autenticidade de sua tão rápida mudança, saindo das trevas e da manipulação de pessoas para o poder do amor e o serviço ao próximo. Martreb tinha dito: "Quando surge a luz, ela transmuta a escuridão. Abrir-se para uma mudança de consciência (a partir de cima) pode, rápida e dramaticamente, alterar vidas, o que de outra forma levaria anos de prática para acontecer. Você pode ficar tranqüila. O sonho que tanto a impressionou era provavelmente um episódio avulso, captado por você, de algumas das atividades de ambos em sua vida passada."

Era um conforto saber que a Luz Azul sempre estaria sobre Ben e Mel. Eles compreendiam que houvera muito de errado com suas vidas. Tinham atravessado crises de tremenda mudança, até a degradação final de seu padrão de vida que, recentemente, havia estado sob o controle de seu "chefe". Uma voz interior me confirmou: "Pode confiar: essa mudança os redimiu definitivamente!"

Durante toda a vida eles nunca tiveram segurança. Sua mais forte motivação tinha sido escapar, mas não havia esperança de encontrar uma saída, pois o suicídio não era a resposta. Eu sabia que ocorrera um verdadeiro despertar, mas ficara surpresa que tivesse havido uma resistência tão pequena a essa mudança. Surgiu uma pergunta em minha mente: seria possível que suas almas os houvessem conduzido através de toda essa experiência devastadora, começando com o nascimento na Terra até as profundezas de atrocidade e medo, com um propósito real? Teriam eles se oferecido como voluntários para vir à Terra para esse trabalho tão vital neste momento, trazendo-os finalmente a essa radiante Luz e liberdade onde pudessem elucidar todo o propósito do trabalho em Shadowland?

Se isso for verdade, assim como um astronauta enxerga toda a Terra a partir do quinto nível de consciência, nós podemos ver simultaneamente toda a nossa vida passada e futura e, portanto, um enorme salto quântico poderia ser efetuado pelo oferecimento de tão grande sacrifício, que traria liberdade e Luz a milhares de pessoas. Haveria uma Luz igual para a juventude de hoje em nosso nível terreno que a pudesse auxiliar a encontrar uma saída de verdade? Eu sabia que, a fim de abrir o caminho, os jovens precisam estar prontos para pedir ajuda, mas de onde virá essa Luz e auxílio para eles?

O que dizer dos milhões de seres nascidos num círculo vicioso de abuso, medo e crime em nosso mundo, crescendo para continuar o padrão de desesperança, escravos do álcool, drogas e manipulação, presos na armadilha da apatia e da depressão? Se **a metade dos cem milhões de dólares gastos por hora** com armamentos fosse empregada na preparação da juventude para vidas construtivas, aprendendo a usar seus talentos numa experiência criativa de vida, em trabalho que beneficiaria a humanidade e a nossa Mãe Terra, um novo futuro poderia ser criado. Estamos esquecendo as fundações que são necessárias a qualquer edificação e, portanto, estamos construindo a vida desses jovens sobre areia movediça e sobre aterros que viram geléia num terremoto.

Conseguirá o poder de verdadeiros valores e a luz da sabedoria que constrói as grandes civilizações impedir esta nossa aqui de afundar no esquecimento como no passado? Ou pode a Luz advinda do Cosmos, a ajuda da nossa irmã mais velha, o planeta Vênus, ou as Angélicas e Evoluídas almas que iluminam a Terra nos ajudar a despertar? Uma grande oportunidade nos está sendo oferecida, embora reconheçamos que a renúncia ao vício e à dependência às drogas, à guerra e ao crime seja um caminho bem árduo.

Com essas questões se revolvendo em minha mente entrei no Reino Azul e senti a Luz e o amor curativo penetrarem em todo o meu ser. Uma mensagem do Pináculo de Luz irrompeu: Sim! **Para todos os que abrem o caminho dentro do coração e da mente, a Luz e o amor de suas almas estarão sempre esperando para conduzi-los através dos labirintos da vida, não importando o quão densa ou complicada ela pareça ser.**

Encontrei Martreb ao meu lado, perguntando-me se eu estava pronta para mais uma sessão com Ben e Mel. Com várias questões em minha mente e a convicção de que sua transformação era real, eu concordei. Antes de deixar o Reino Azul, Aura mostrou-me uma nova área de Luz que estava sendo desenvolvida em Shadowland. A seguir ela se juntou a Martreb e a mim para irmos a essa pequena mas resistente fortaleza de Luz que foi chamada de "Teatro Ben e Mel". John, a encantadora alma que estava trabalhando com eles, veio nos cumprimentar com um breve relato do excelente trabalho que Ben estava fazendo, organizando e levando um pequeno grupo de jovens adultos a usar suas habilidades. Eles estavam criando um drama mais maduro que revelava os desafios e a sedução de Shadowland, e os ardis a evitar na travessia da descrença e do medo para começar a conhecer o seu poder interior real.

"E sobre o Mel?", perguntei. "Ele possui um tipo especial de aceitação amorosa que tem ajudado os indivíduos num grupo a eliminar suas barreiras internas." John disse: "Ele conseguiu reunir um 'grupo de aceitação', e produziram uma lista de valores. Você lhe daria segurança se reconhecesse o seu trabalho."

"Obrigada!", respondi. "Isso me dá um excelente material com o qual começar minha conversa com eles. Esse é um prazer inesperado!"

Quando entramos na área, encontramos o grupo partilhando idéias e nós escutamos atentamente. Aqui descobrimos um padrão mental mais complicado em ação. A maioria desses jovens estava na casa dos vinte, ou um pouco mais velhos. Havia mais resistência à mudança, e enfrentar esses desafios exigia um entendimento muito maior. Tanto Ben como Mel apresentavam perguntas sugestivas ao grupo. Às vezes, eles conduziam uma discussão de volta a um ponto anterior a fim de enfocar sua atenção na proteção necessária para contrabalançar os métodos que estavam sendo usados em Shadowland. Eles enfatizavam o quão despreparados e ignorantes estavam os recém-vindos a respeito dos perigos e das pressões a que estariam expostos.

Ben e Mel tinham descoberto o amparo infalível do Reino Azul e a dádiva do Raio de Luz que os protegia, especialmente quando pequenos grupos, guiados por John, haviam saído para resgatar outros. Eles descobriram que a maioria daqueles que perambulavam pedindo socorro respondiam bem à Luz.

Ben deixou claro que eles estavam trabalhando somente nas áreas menos densas, onde havia uma procura geral por auxílio. Seu trabalho, até o momento, tinha sido somente com uns poucos que, tendo se deparado conscientes e confusos, haviam pedido socorro. Por terem sido encontrados antes de quaisquer das entidades controladoras, sua descrença e desconfiança não haviam se avolumado e, por isso, estavam prontos a responder com menor dificuldade. Nesse estudo em grupo, eles estavam descobrindo a importância da aceitação, assim como da partilha das próprias experiências. Isso ajudava a edificar a confiança naqueles que chegavam e com os quais eles estavam aprendendo a trabalhar. John lembrou-os da maravilhosa interligação no nível da alma, claramente visível no Reino Azul. Também lhes explicou que havia diversos grupos prestando serviços em Shadowland, e grande número de Anjos, cujo único meio de se manifestar era com a Luz e o calor do seu amor.

Quando houve uma pausa na reunião, Martreb sugeriu que Aura e eu fôssemos ter uma conversa com Mel. Aura, que raramente se aventurava em Shadowland, mostrou um vivo interesse em tudo o que estava sendo discutido. Enquanto nos conduzia a um lugar tranqüilo, Mel observou: "Isso é a realização de um sonho. Esse pessoal mais velho é um desafio muito maior do que os adolescentes, e se começam a atinar com o milagre que ocorre quando realmente aceitam e apóiam uns aos outros, eles passam a respeitar as regras muito bem.

"Quais são as regras?", perguntei. Entusiasticamente Mel partilhou sua descoberta: "Nenhuma crítica ou comparações, nenhum julgamento, nunca ceder a medo ou ressentimentos, apenas aceitar a si mesmo e a todos os outros. É um jogo que jogamos, só que estamos todos no mesmo time. Isso nos dá uma maravilhosa sensação de segurança. Eles podem falar sobre como se sentem sem o sentimento de ameaça, sem que os outros reajam negativamente. Essa coisa de aceitação dá abertura para se importarem uns com os outros e encoraja os mais tímidos a expressar suas idéias, o que os faz manifestar o melhor de si. À medida que chegam os novos, eles são simplesmente aceitos, mas devem acolher as regras. É extraordinária a rapidez com que eles entram no espírito da coisa! Quando, a princípio, começam a explodir, os mais experimentados ficam em silêncio, sem demonstrar nenhuma reação, apenas conscientemente lhes enviando amor e visualizando-os envoltos em Luz. Se não houver mais nada contra o que se bater, a bola parece rolar morro abaixo e, conforme a seguem mentalmente, eles perdem o interesse por ela e geralmente logo se juntam às atividades com os outros."

"Que tipo de atividades? Qual é o verdadeiro interesse e desafio para essas pessoas?", perguntei. "A princípio eles se vêem diante do medo, do fracasso em escapar, da traiçoeira situação em que se encontram." Mel respondeu e continuou: "Geralmente há um intenso ressentimento, ódio, rancor, isolamento. A barreira interna mais dura que têm de demolir é o hábito de culpar os outros pelas coisas que saíram erradas em sua vida. Nós, que atravessamos esse estágio, pacientemente os ajudamos a liberar esses temores, crenças e 'traumas' profundamente arraigados."

Sentindo a surpreendente compreensão de Mel, assim como a sua habilidade em ajudar as pessoas, eu me indagava como, com o seu histórico, ele havia conseguido tal conhecimento. Eu disse: "Você fez uma grande descoberta, uma descoberta que permite ao verdadeiro e sábio Ser espiritual se expressar magnificamente, com autêntico amor por essas pessoas." Mel deve ter captado meu pensamento, pois disse: "Oh, John tem sido extraordinariamente paciente — é um instrutor pra valer, e eu tenho tido tanta vontade de aprender! Muitas vezes o seu exemplo tem me mostrado o caminho."

Aura, então, apresentou uma questão que eu julgava entender, mas à medida que ela falava, achei-a mais esclarecedora. Perguntou: "Qual o grau de compreensão das pessoas a respeito da parte material de seus corpos físicos ter sido abandonada num outro plano e de elas estarem funcionando numa forma etérica?" Mel respondeu: "John nunca chama a atenção para isso. Alguns, como Hubert, reconheceram quase que imediatamente que não estavam mais num corpo material, mas aqui a forma etérica do corpo físico é aceita com naturalidade." Ele fez uma pequena pausa, como se estivesse pensando, e depois continuou: "John explica que a forma etérica do corpo físico é liberada no momento em que a morte natural estava determinada para ocorrer, ou logo em seguida, e se passa para um NÍVEL SUPERIOR DE CONSCIÊNCIA."

"É isso mesmo", expliquei: "Eu vi isso acontecer quando um homem idoso, que fora um jornalista, atingiu esse ponto aqui em Shadowland. Um belo Ser de Luz estava ao seu lado e ele foi liberado para partir para a Luz como em morte normal."

Virando-se para mim, Aura transmitiu a mensagem: "Por causa do seu corpo material na Terra, torna-se necessária uma proteção extra, pois tudo o que acontecer com o corpo etérico em Shadowland será refletido em seu corpo físico." Uma onda de choque atravessou minha consciência quando me dei conta do quão vulnerável eu era. Não tinha a menor idéia de tal perigo ou por que tanto cuidado tinha sido tomado em minha preparação para esse trabalho. Pude avaliar, também, a sabedoria que havia sido usada em permitir que eu me tornasse mais confiante e me sentisse mais à vontade em tais vibrações, antes de penetrar nessa meia-dimensão. Dessa maneira aparentemente informal, eles estavam me revelando o perigo. Pela primeira vez eu realmente compreendi porque jamais deveria ir ali sem proteção total.

Mel, que estivera absorto por alguns momentos, falou novamente: "As pessoas aqui se sentem muito mais vulneráveis sem o corpo material. Elas vivem muito mais nos níveis mental e emocional. Por causa disso, um rompimento de barreiras pode ocorrer mais rapidamente para alguns. Mas, para a maioria, há uma porção de trabalho interior a fazer em silêncio, à medida que começa a liberar suas resistências reprimidas e se convence de que tem escolha.

"Conforme vão se tornando mais seguros, seu próximo passo é o trabalho aqui: ajudar aos que chegam a este centro. Nós desafiamos os que estão em treinamento a se tornarem um exemplo e a aprender a aceitar os novos, que em geral chegam com profundos e intensos ressentimentos, ódios e a convicção de serem vítimas. Uns poucos, que têm estado aqui há mais tempo, estão prontos a devotar sua atenção ao estudo de planos para resgatar outros, desenvolvendo qualidades de liderança e encontrando a coragem e a energizante motivação interna para contrabalançar a tirania em Shadowland. John, com sua poderosa luz e abundante amor e sabedoria, está trabalhando com os que estão se preparando para sair e socorrer os outros."

Perguntei: “Como esses aqui foram atraídos para esse lugar que vocês estão desenvolvendo?”

“Ah, vejamos: alguns vieram conosco do Teatro Hubert, os que eram os mais velhos.” Mel explicou: “Estamos elaborando um plano de resgate para os mais experientes, conforme sugestão de John. Dois ou três de nós vão com o John, que tem o que ele chama de luz-guia e que nos conduz com segurança a lugares onde alguns seres perdidos imploram por socorro. Essa operação de socorro está apenas começando aqui porque decidimos que precisávamos nos tornar firmes e fortes como um grupo, como o pessoal do Teatro Hubert, antes de recebermos muitos outros.”

“Como é que vocês são levados a descobrir exatamente os mais velhos?”, perguntei. “John diz que é a intuição no plano da alma. Ele diz que almas trabalhando em conjunto atraem as pessoas das quais precisam, e também inspiram pessoas a ajudar o próximo. Temos apenas que abrir nossa mente e ouvir em silêncio. Foi assim que descobri o segredo da aceitação com cuidado amoroso.”

Aura, que estivera sentada tranqüilamente assimilando tudo o que estava sendo dito, perguntou: “Vocês sentem necessidade de descanso aqui como sentiam em seu corpo físico?” Mel pensou por um instante antes de responder, e depois disse: “De uma certa maneira, sim. A fim de fazer o trabalho aqui, nós descobrimos que precisamos de alguns momentos de quietude para permitir que a nossa alma nos oriente no planejamento e as energias superiores nos forneçam o auxílio de que precisamos.”

Ainda com a sua história na mente, perguntei: “Que efeitos você acha que os anos de experiência na Terra e em Shadowland tiveram sobre a sua vida e trabalho aqui?” Ele respondeu: “Cada vez que um novato chega aqui, eu entro em contato com a realidade da sua experiência. Reconheço a obsessiva necessidade de fugir e o horrível resultado quando não se consegue. Posso falar sobre isso com cada um deles, ampliando a nossa compreensão. A lição mais importante para eles é dada pela minha experiência e exemplo, a franqueza ao lhes falar sobre qualquer coisa que tenham vivenciado, a liberdade de confiarem na poderosa energia que me socorreu. Isso torna a vida uma grande aventura, mesmo aqui em Shadowland, quando se pode estar num teatro, neste centro de Luz.”

"Qual é a diferença entre fazer esse enfrentamento aqui e fazê-lo na terceira dimensão?", eu lhe perguntei.

A resposta de Mel foi direta e reveladora: "Aqui, enquanto estamos neste local de segurança, podemos convergir para um objetivo. Existem poucas distrações a nos atrapalhar quando tornamos nossa atenção acessível às forças interiores. Na Terra, milhões de impulsos, decisões e premências que atraem a personalidade estão sempre perturbando as pessoas."

Falei: "A partir de muitas fontes aprendi que, por todo o planeta, no futuro, o modelo de grandes cidades será substituído por pequenos centros interligados e baseados num nível de consciência superior, bem parecidos com os centros de Luz que estão se desenvolvendo tanto na Terra como aqui."

Mel partilhou: "Quando a Luz age sobre ele, John pode ver coisas maravilhosas e extraordinárias. Ele diz que, a princípio, as coisas podem se tornar bem ruins na Terra com crimes, guerras, drogas, degradação e destruição, expandindo-se das grandes para as pequenas cidades e envolvendo a maioria das pessoas, antes que elas, arrebatadas em massa da sua letargia, implorem por ajuda divina e abram o caminho para o seu poder espiritual."

"Qual a rapidez com que ele vê isso acontecer?"

A resposta de Mel foi encorajadora: "Ele diz que quando as pessoas começarem a despertar e a descobrir sua força espiritual interior, haverá uma reação em cadeia que tomará conta do corpo da humanidade, inspirando, acordando, curando e transformando ao mesmo tempo que fazem as maiores descobertas de todos os tempos: que a vida é sagrada e magnífica quando lhe é concedida a liberdade de crescer espontaneamente, com o espírito vital se manifestando em todo o seu esplendor.

"John falou sobre um poder miraculoso de cura, empregado no passado mas esquecido neste período mais denso, como o uso da eletricidade e do poder eletromagnético que fora conhecido e utilizado em eras anteriores. Isso não está disponível aqui em Shadowland, mas enquanto no corpo físico, pode curar qualquer doença, porque funciona conjuntamente com o cérebro e as glândulas que controlam o corpo e o sistema imunológico."

Curiosa e ansiosa por mais informações, perguntei: "E qual é esse poder curativo? Como é que funciona? Já foi descoberto?"

Mel parecia ligeiramente confuso enquanto dizia: "É melhor você perguntar ao John, que sabe sobre esse jeito das pessoas se curarem com certa ajuda."

Ficamos refletindo em silêncio por algum tempo, e então ele continuou: "John enxerga esta era como um momento de graduação para todos os que escolherem se qualificar e estiverem prontos para uma experiência de vida superior."

"E os outros?", perguntei. Mel respondeu: "John acha que mesmo os desistentes serão levados para um lugar especial e serão cuidados enquanto enfrentam mais um outro doloroso ciclo até que também despertem para o seu grande potencial. Mas agora, neste fim de um grande ciclo, todas as almas estão fazendo o possível para convencer suas personalidades a se graduarem."

Senti Martreb nos chamando. Percebemos que a sessão estava terminando e que era hora de minha conversa com Ben.

Capítulo 17

Progresso e perspectivas da humanidade

Martreb, expressando apreciação pelo trabalho de Ben, disse: "Ben, nós temos lhe dado o apoio e a proteção da Luz Azul, mas tem ficado inteiramente à sua escolha cooperar tão plenamente quanto possível com sua alma e permitir ao poder e energia de sua força espiritual guiar e se expressar através de você. Aqueles que têm respondido pedindo auxílio, abrem o caminho para que suas almas possam guiá-los a este centro e são amplamente ajudados pelo exemplo, entusiasmo e sabedoria que você e Mel partilham com eles. Vocês dois têm comprovado o grande potencial que está escondido dentro de cada pessoa, pois se ergueram das profundezas para o tesouro de uma vida radiante de serviço amoroso, cumprindo plenamente o compromisso de suas almas."

Pensei em algumas pessoas da Terra que, partindo de um começo muito limitado, superaram todos os obstáculos, com um propósito claro e a energia totalmente em foco para atingir a grandeza. Naquele momento fiquei convicta de que todos temos a Luz protetora de nosso Ser superior, nosso Anjo da Guarda e agora, o imenso amor angélico que envolve a Terra neste tempo de colheita e transição. Pensei: é chegada a hora de dissolver a densidade do nosso aprisionamento no gelo milenar de crenças limitantes. Esse é o momento em que podemos alinhar o nosso livre-arbítrio com a vontade mais elevada, e nos libertarmos das limitações do corpo físico, o que nos deixará livres para fluir com os grandes rios iluminados pela energia de um plano superior.

Enquanto me preparava para a conversa com Ben, Aura e John preferiram ficar conosco, dizendo: "Não há limites para o que pode ser realizado por aqueles que se abrem às energias superiores que estão sempre disponíveis para ser aceitas e expressadas."

Ben, que ficara cautelosamente me observando enquanto aguardava minhas perguntas, disse: "Fica cada vez mais difícil para mim rememorar as terríveis situações em que estive metido e me lembrar dos artifícios de sedução e de espreita às fraquezas humanas. Eu sei agora como é importante que as pessoas se resguardem das armadilhas quase invisíveis que as desequilibram, permitindo que se tornem vítimas dos que as rondam com intenção perversa, e das pessoas obcecadas por dinheiro. Tudo isso gera um círculo vicioso e cria ilusões que são como uma doença contagiosa precisando ser curada."

Acrescentei: "É como a desidratação do corpo que pode causar a morte a tantos, quando uma simples solução caseira de açúcar, sal e água tem salvado milhares de vidas. Agora, se apenas abrirmos o coração e a mente às energias superiores (de sabedoria e amor-que-cura, acessíveis à aceitação e à força motivadora interior), poderemos curar a desidratação do espírito e retirar as pessoas da mais funda vala para o topo de uma escada, para a luz solar e para o clima de uma grande aventura."

Lembrando-me da descrição feita por Ben de seu nascimento e infância difíceis, perguntei: "Ben, ao superar uma situação tão desesperadora e desafiante quando criança, a sua alma deve ter tido uma grande missão ao aproveitar a oportunidade para desenvolver tão bem o potencial de sua vida. Como você se sente acerca daqueles primeiros anos?"

Ele respondeu: "John me ajudou muito a compreender minha experiência. Ele me contou que nesses tempos de transição, em vertiginosa rapidez rumo ao nascimento no próximo milênio, e para não perderem essa experiência e grande oportunidade, milhões de seres estão encarnando em condições bastante difíceis a fim de fazerem uma remição maior que a normal de delitos passados e participarem desses tempos de colheita."

Senti o grande poder do amor de John por Ben quando exclamei: "Foi preciso uma grande coragem para escolher nascer em tais circunstâncias, num mundo de tentações e profundo grau de esquecimento. O próprio progresso, Ben, irá ficar notavelmente mais consolidado à medida que você colaborar neste excitante trabalho de resgate aqui em Shadowland."

Finalmente, perguntei: "Ben, quais são as precauções e soluções necessárias para erradicar essa epidemia de crimes e destruição, essa desidratação do espírito que rouba tantas vidas e está começando a afetar a maioria das pessoas na Terra, tanto diretamente como através do medo?"

Ben respondeu: "Se você não sabe que há uma cobra mortal em seu quarto e você pisa nela, o ataque pode ser extremamente doloroso e, se não for tratado com um antídoto ou qualquer outro método conhecido, poderá ser fatal. É necessário estar bem informado de que qualquer um dos vícios para os quais pessoas mal-intencionadas possam atraí-lo, especialmente através da pressão de um grupo ou da sociedade, o atacará como a cobra venenosa que desfere um golpe mortal. Se você for apenas parcialmente afetado, ficará como uma pessoa semiparalisada, ou em estado de torpor. O propósito, motivo e alegria de viver sucumbem a uma existência de escravidão facilmente manipulável, usada pelas entidades depravadas de Shadowland e pelos fanáticos nos níveis inferiores de consciência na Terra.

"Qual é a nota mais importante a destacar?", perguntei.

A resposta de Ben foi clara: "A vida continua tanto em liberdade como na escravidão; não há saída; e é uma questão de escolha de cada um. A sedução para a escravidão pode começar com qualquer dependência: desde o exagero em bebidas e alimentos nocivos ou pouco saudáveis, fumo e remédios, até o uso mais pesado de álcool, drogas, e o aviltamento de nossa sagrada energia, levando ao crime e a ações compulsivas, com a destruição da saúde, e desferindo um golpe mortal na alegria de viver."

Senti minha atenção sendo atraída para John que estava silenciosamente ouvindo e perguntei: "Em sua sabedoria e maior visão, o que você vê como mais útil?"

Ele então falou: "Uma parte vital do instinto natural da maternidade em muitas pessoas tem sido paralisada pela introdução de vícios em sua vida. Esse instinto natural tem sido posto num estado de semidormência pela pornografia que conduziu a população jovem a fazer mau uso de sua preciosa energia e que a leva algumas vezes ao estupro, a crimes sexuais e a doenças que estão pondo em risco a vida das pessoas na Terra.

"Recentemente eu li na edição de fevereiro de 1992 da revista *National Geographic*: Cada ano milhares de mulheres que bebem durante a gravidez dão à luz bebês com irreversíveis deficiências relacionadas com o álcool (o que é especialmente grave nas primeiras semanas de gravidez)! Seres nascidos nessas circunstâncias são vítimas que acabam à margem da sociedade!"

John continuou: "Quanto a bebês e criancinhas, que são uma custódia sagrada, aqueles que tomam a responsabilidade por suas jovens vidas precisam se insurgir como um grande corpo para proteger e dirigir a vida desses queridos pequeninos. Se milhões de pais e mães disserem 'NÃO!' à violência, pornografia e propaganda nocivas na televisão, em filmes e revistas, os gerentes voltados para o dinheiro e os grupos publicitários darão às pessoas o que elas estiverem exigindo, não deixando de ter o lucro necessário, ao mesmo tempo que apóiam uma boa causa."

Numa breve pausa, eu disse: "John, eu tenho um pedido: Mel falou sobre seu conhecimento de um miraculoso poder de cura que era usado nos tempos antigos e que ficou perdido na densidade e ignorância desta época. Você pode nos revelar qual é esse poder de cura, quando será descoberto e como funcionará?"

A resposta de John revelou a simplicidade de vida que nós, com nossa personalidade, tornamos extremamente complexa. "Toda cura ocorre dentro da pessoa. É uma ilusão pensar que uma pessoa pode curar outra. Podemos dirigir nossas energias de amor para uma outra pessoa, o que acrescenta força ao trabalho que ela realiza na cura de seu corpo. Médicos também podem ajudar a curar, assentando ossos ou cuidando de ferimentos e tecidos por meio de cirurgia especializada. As energias de cura de fonte vegetal, usadas com grande conhecimento através dos tempos, estão sendo redescobertas.

"Um outro método esquecido é o poder da totalidade do espectro de luz penetrando os olhos — as janelas da alma. Isso está ligado com os sete 'chakras' do corpo etérico e é refletido nas respectivas glândulas do corpo físico. Essa energia de cura já está começando a ser usada."

A seguir John falou de uma outra energia de cura, simplesmente dizendo: "Quando você inspira, inala energia espiritual para o corpo etérico e oxigênio para o corpo físico. O ambiente onde a maioria das pessoas vive é tão poluído que elas não podem receber suficiente oxigênio. Esse elemento, que equilibra o sistema imunológico nesse denso período terreno, é necessário para compensar os venenos que penetram no corpo através de aditivos, preservativos e agrotóxicos nos alimentos, ar poluído, cafeína, fumo e álcool, além das drogas ingeridas tanto legal como ilegalmente. Isso é uma tarefa tão grande, que desequilíbrio e enfermidade têm se tornado um meio de vida, aproveitado às vezes pelos que se beneficiam da doença alheia. Isso também é refletido em Shadowland."

"O que está por trás de todo esse impulso destrutivo?", perguntei. John esclareceu: "Um medo oculto que causa a ganância por dinheiro e poder; publicidade sutil que está manipulando as pessoas, especialmente as crianças, incitando-as a se tornarem dependentes de vícios destrutivos que não podem controlar. Às vezes o risco planejado de um certo grau de energia destrutiva é necessário para se obter um salto muito maior na consciência das pessoas." Isso me lembrou de como a fratura da minha rótula me fez voltar a cumprir um compromisso, resultando na escrita deste livro.

"Deixe-me dar-lhe um exemplo mais eloqüente", ele disse. "O TIBETE, uma jóia muito linda, estava incrustado em picos montanhosos de pura neve e preservado através dos séculos, sustentando um tesouro de verdades e conhecimentos espirituais. Em raras ocasiões, indivíduos especiais eram conduzidos a esse protegido e maravilhoso local para estudar com os monges. Dois mil anos atrás, Jesus havia estudado e trabalhado lá como parte da preparação para a sua atividade messiânica. A história de sua visita foi copiada dos registros do monastério por um francês e escrita em *The Chronicals of Iesu.**

"Agora, neste século de explorações de população, consumismo e tecnologia, com essa grande liberdade e a expansão da consciência das pessoas, torna-se necessário um elemento de equilíbrio que desperte os seres humanos para os verdadeiros valores e o significado da vida, dando-lhes força e direção interior. Advindos de um nível superior, os

---

* Literalmente, *As Crônicas de Jesus*. Este livro foi citado numa reportagem do *A.R.E Journal*, publicado por The Association of Research and Enlightment, Virginia Beach, Virginia, USA.

GUARDIÃES DA LUZ, trabalhando para atender essa necessidade premente, sabiam que só inspirar alguns monges do Tibete a saírem com a mensagem não seria o suficiente para atrair as pessoas. Por isso, uma decisão vital foi tomada para que um grande impulso levasse a China a arrombar a 'arca do tesouro' com um estrondo tal que enviaria os tibetanos, como mártires, para todos os cantos do mundo. Essa ação brutal abriu o coração e a mente das pessoas para acolher e receber os monges tibetanos, com o fim de ouvir e aprender. Embora destrutivo, era necessário, nesse momento crítico, dar ao mundo esse tesouro que tinha sido preparado há muito tempo para enfrentar a demanda desse período paradoxal na história da evolução da humanidade."

Antes de partir, perguntei a John se ele nos daria uma visão geral sobre o progresso e as perspectivas da humanidade. Isso é o que ele partilhou conosco:

"É imprescindível que nos próximos anos ocorra uma grande limpeza no corpo da humanidade, que está doente com o câncer das guerras, poluição e formas de desnutrição. É igualmente necessário que se interrompa a temerária destruição do maravilhoso corpo vivente da Terra, do qual todo ser humano é totalmente dependente, como um bebê no útero de sua mãe."

Ben, que estivera ouvindo com atenção, perguntou: "Como é que as pessoas podem descobrir o caminho para acabar com toda essa violenta destruição?"

John respondeu: "O conhecimento da verdade está se difundindo para ajudar as pessoas a entender que é o mau uso da dádiva do livre-arbítrio e do poder da energia sagrada que causa sempre crescente doença e a intempestiva morte dos humanos. Cada pessoa, como a célula do grande corpo da humanidade, é afetada e é responsável. Cada pensamento e palavra tem um poder transformador, emitindo ondas de energia para todo o imenso corpo da humanidade. Pensamentos construtivos criam automaticamente um escudo de proteção, elevam e ajudam outros; pensamentos negativos emitem destrutivas ondas de choque."

"Há alguma esperança para os que estão profundamente aprisionados no mal?", perguntei.

Com cuidado, John esclareceu: "Uma grave crise pode ser necessária até que alguém aprisionado nas trevas finalmente peça ajuda, o que permite que um raio de luz o ilumine na escuridão e que possa ser ajudado por Seres Superiores. Quando alguém abre o caminho para as energias superiores dentro de si, o mal se desvanece, pois não tem energia própria."

"Você está dizendo que se cada um se voltasse para a Luz e o uso positivo da energia e do pensamento, o mal não existiria?"

A resposta de John mostrou-me por que o seu trabalho com Mel havia sido tão eficaz. Ele exclamou: "É o que milhões de pessoas estão despertando para descobrir. Nos preparativos para o novo milênio, os que estão acordando e conseguem responder às energias superiores descobrirão uma força interior que está para surgir. Eles criarão um novo e radiante padrão de vida no qual o grande experimento da humanidade poderá continuar com as suas fascinantes aventuras."

Quando nossa sessão se encerrava, eu soube, além de qualquer dúvida, que um poder superior de amor e luz envolveria e protegeria cada um dos que se decidissem a seguir avante na grande ação ecológica necessária agora, a importante ecologia interior que abrirá o caminho para a limpeza e reedificação do padrão de vida na Terra.

Capítulo 18

A sabedoria de John

Uma manhã, enquanto ajustava minhas energias na Capela de Jacarandá, deparei com Aura perto de mim e perguntei: "Como é que o John está se saindo tão longe deste lindo Reino?" Sua resposta foi imediata: "Seu radiante amor e fé nos jovens adultos tem uma qualidade mágica que os atrai sem dificuldades para apreender e desenvolver seus talentos. Isso ocorre à medida que eles seguem a sabedoria de sua experiência, compartilhada através das histórias que lhes conta, o que os ajuda a buscar significados e propósitos mais profundos. O mais importante é a visão que ele os estimula a criar e o carinhoso apoio mútuo no grupo."

Rememorei nossa última visita ao Teatro Ben-Mel e disse: "O trabalho de John com o Mel revelou uma grande habilidade, ajudando-o a superar um passado extremamente limitado e o uso destrutivo de sua vida, aprisionado em vibrações tão baixas. A ansiedade de Mel por aprender era um fator determinante, mas o conhecimento, fé e inspiração proporcionados por John produziram um verdadeiro milagre." Notando o meu profundo interesse, Aura sugeriu: "Essa poderia ser uma boa hora para visitá-lo novamente e nos sintonizarmos numa de suas sessões."

Pensando na importância de acrescentar mais algumas das atividades e progresso de Shadowland no livro que eu estava concluindo, concordei: "Sim. Seria muito útil dar uma olhada no esplêndido trabalho que John está fazendo com aqueles jovens."

Aura sugeriu: "Vamos averiguar o paradeiro de John neste momento, pois ele pode estar ajudando no desenvolvimento de um novo centro de Luz." Ela se dirigiu a um grande visor que estava sempre focalizado em Shadowland e fez o ajuste necessário para apanhar os detalhes. "Ele não está no Teatro Ben-Mel", disse, enquanto continuava a procurar os pontos de Luz. Olhei no visor mas, no geral, só vi escuridão com luzes dispersas. "Como se pode saber onde ele está a partir daqui?", perguntei, sentindo que ela possuía uma habilidade que eu ainda não tinha desenvolvido. "Ele tem uma luz especial que o conecta com este Reino", ela explicou: "A intensidade de Luz ao seu redor não está ainda muito forte, portanto ele evidentemente deve estar ajudando na criação de um novo centro. Essa é uma excelente oportunidade para ir vê-lo em ação com um grupo recém-formado."

Logo estávamos a caminho, deslocando-nos facilmente por sobre Shadowland em direção ao lugar onde o novo centro estava sendo desenvolvido sob a orientação de John. Meu coração sentiu uma tal alegria quando vi a Luz e constatei a excelente maneira como os centros de proteção estavam atendendo à necessidade de tanta gente jovem aprisionada nesse lugar sombrio. Ao nos aproximarmos, fomos recebidos por um dos jovens que tinha estado no Teatro Hubert. Ele veio nos cumprimentar com uma alegre saudação e nos conduziu a uma área ajardinada que estava sendo criada por um pequeno grupo. Senti uma espécie de corrente fluida de energia enquanto eles trabalhavam. Era como se seus pensamentos estivessem se manifestando diante de mim. Notando meu interesse, nosso guia explicou: "Antes de começarmos a criar uma área, temos de fazer o trabalho de verdade; depois a criação flui com facilidade."

"Trabalho de verdade?", perguntei. Captando minha expressão intrigada, ele respondeu: "Sim, você vê, nós partilhamos intensamente as idéias e a intuição, que se manifestam até que cheguemos a um modelo e propósito bem claros e úteis. Após isso, o resto é bem mais fácil aqui e as coisas tomam forma muito mais rapidamente do que no mundo da terceira dimensão."

Logo John se reuniu a nós exclamando: "Como é gratificante receber uma visita do Reino Azul!" No conforto e radiância de sua presença, senti-me totalmente aceita e à vontade. Quando ele se deslocava conosco mostrando o progresso que fora feito, havia uma entusiasmada reação onde quer que fôssemos. Pude sentir o respeito e o amor dessa gente moça como se fossem raios de sol pulsando na presença de John. Observando-o com essa gente entusiástica, repentinamente me perguntei como andariam Ben e Mel, enquanto John estava orientando o desenvolvimento desse novo centro.

Captando meu pensamento, John disse: "Ben e Mel formam um grande time, pois se complementam um ao outro. Eles fizeram um notável progresso na própria evolução e especialmente na habilidade de ajudar outros jovens adultos a revelar suas melhores qualidades e talentos. Sua organização no Teatro Ben-Mel demonstrou um marcante exemplo de engenhosidade e tem servido como modelo para a criação deste centro. Seus excelentes serviços permitiram minha liberação para que eu pudesse vir ajudar estes jovens a crescer em experiência e conhecimento e a preparar o caminho para inspirá-los a ajudar outros. Periodicamente eu passo um tempo com eles e é muito gratificante observar o seu esplêndido progresso no Teatro Ben-Mel."

Chegamos a um pequeno jardim que tinha sido terminado e estava resplandecente com coloridas e perfumadas flores. Como se um sinal tivesse sido dado, todos os outros no centro começaram a se acercar de nós, ansiosos por ouvir as experiências que John partilhava com eles. Seu entusiasmo era tão real e sua atenção muito maior do que eu jamais houvera experimentado na terceira dimensão.

O que está para acontecer, eu só consigo expressar em minhas bem limitadas palavras, como se fosse uma conversação normal. Era em parte uma série de quadros que nos revelavam mais detalhes do que as palavras podem exprimir. A mensagem e a informação foram recebidas por cada um de nós, de acordo com a própria percepção e habilidade de interpretar o significado.

John começou por incluir essas imagens à medida que falava: "Shadowland é parte de uma grande aventura que nunca termina. Aqui, como na Terra, no meio dos ciclos completos da humanidade, todos estamos vivendo e fazendo registros em nosso Livro da Vida, que tem sete capítulos, sete estágios de desenvolvimento ou níveis de consciência. Aqueles que estão escrevendo seu livro com dúvida e medo, e o mau uso da preciosa energia, fazem os capítulos soarem pesados, centralizados nos níveis inferiores de consciência. Eles são como uma planta se agarrando à semente, com medo de perder a identidade. Outros escrevem seu livro da vida com maior facilidade, com suas aventuras fascinantes e deliciosas. O crescimento começa de maneira natural quando o espírito vital flui espontaneamente através das páginas, dos anos, das encarnações. Eles são mais facilmente despertados para descobrir quem são, mais comprometidos com o serviço amoroso e têm maior percepção daqueles que vêm de níveis superiores para ajudar a humanidade nesta hora. Eles se dirigem firmes rumo ao grande salto para um plano mais elevado e mais glorioso, com novas aventuras de conhecimento mais claro e brilhante. O que parece ser um milagre do ponto de vista terreno é bem normal num plano mais elevado."

John fez uma pausa, antecipando as questões que estavam ganhando movimento nas mentes ansiosas à sua volta. Um rapaz perguntou: "Por que para algumas pessoas isso é tão difícil e para outras é tão fácil?" Fazendo-os recordar de um exemplo que ele havia usado anteriormente para explicar a força vital que está sempre disponível, como a eletricidade numa lâmpada elétrica, disse: "A corrente elétrica que chega à lâmpada numa casa é constante, mas a quantidade de luz depende da força de *watts* da lâmpada. Cada pessoa pode agüentar apenas o tanto da energia vital espiritual que preparou o seu canal interno para receber e expressar. Vocês estão aprendendo aqui, por meio de serviço e trabalho construtivo, a descobrir o poder da Luz interior e do amor, como também a confiar na Fonte de sua energia vital."

"Por que isso não é ensinado a todo o mundo, quando é a parte mais importante da vida?", perguntou uma jovem. John calmamente respondeu: "Nos centros de Luz que estão sendo desenvolvidos, tanto aqui para aqueles que procuram ajuda, como no plano terreno, as leis naturais da vida estão sendo reveladas. Por um longo tempo elas foram ocultas por aqueles que têm uma necessidade irresistível de controlar a vida das pessoas. Quando a verdade é conhecida, há um despertar para a força vital espiritual interna que está clamando por ser descoberta no corpo etérico de todas as pessoas."

Um deles perguntou: "Existem suficientes centros sendo formados aqui para atender a tão grande carência?" John respondeu pensativamente: "Nós estamos a par do grande oceano de jovens que gradualmente despertam para a ajuda de que precisam aqui em Shadowland e damos andamento a novos centros tão rapidamente quanto possível. Da mesma forma, muitos estão sendo preparados à medida que se oferecem como voluntários para o trabalho de resgatar os que pedem socorro."

"O que, exatamente, é o corpo etérico do qual você fala?", outro perguntou. "O Espírito da Vida está no corpo etérico, não nas células materiais", John explicou. "Como sabemos, quando pessoas na Terra respiram, elas inalam oxigênio para o corpo material e energia para o corpo etérico. O etérico detém o modelo da estrutura de seu corpo e permanece com vocês aqui após a liberação das células do corpo material.

Da mesma maneira que uma semente, que detém seu potencial completo plantada na terra por um jardineiro, a Alma planta a semente-átomo etérica. Ela contém a memória e a matriz de nossas vidas inteiras, desde o começo de nossa criação como Seres energéticos-espirituais-individuais que somos, até a nossa jornada de regresso à Fonte da qual viemos. Vocês têm vivido tudo isso, meramente reprisando o que viveram em sua descida, enquanto retornam às vibrações mais sutis."

"Por que estamos aqui com tais limitações se já suportamos tanto?", perguntou um jovem.

"Porque na densidade da jornada, vocês se esqueceram de quem são e, como resultado, acumularam muito do que precisa ser eliminado." As almas procuram na Terra por um lugar o mais satisfatório possível, para plantar sua semente, uma parte do Eu, da consciência, onde nova experiência possa ser coletada e o resgate do mau emprego da energia criativa e do livre-arbítrio possa ser realizado. Quando vocês encarnam, as células etéricas se multiplicam rapidamente, cada célula etérica atraindo para si substância material, constituindo uma célula também material. Neste sentido, cada célula no corpo é dupla. Igualmente, a energia etérica se estende ao redor e além do corpo físico, formando uma aura, que se mostra em cores brilhantes na fotografia Kirlian."

Num momento de silêncio, pensei no corpo etérico como um filme fotográfico muito sensível e delicado, sobre o qual estava sendo impresso o menor dos meus pensamentos e sentimentos, tanto construtivos como destrutivos. A seguir vi que a imagem que eu criava no filme era revelada em meus corpos físico e emocional. John captou meu pensamento e disse: "Vocês estão continuamente criando sua vida, atraindo para si situações e relacionamentos, tanto negativos quanto positivos, de acordo com a qualidade de seus pensamentos. O corpo etérico, estando sintonizado com o fluxo espiritual da força vital, com seu grande potencial, geralmente causa considerável pressão interna devido à resistência da personalidade com suas crenças, convenções, hábitos e limitações."

Sentindo essa pressão interna e o resultado de minhas resistências, eu disse: "John, posso lhe fazer uma pergunta?" Com um aceno de cabeça ele concordou e eu continuei: "Em minha atribuição de relatar o trabalho em Shadowland, fui pressionada com muita informação sobre crimes, corrupção, suicídios, manipulação de pessoas e violência. Quem e o que pode despertar pessoas a restaurar os verdadeiros valores da vida e a cuidar da Terra e de sua gente?"

John refletidamente respondeu: "Estou a par das pressões impostas a você para despertar o seu interesse e estimulá-la a responder. Você realmente precisa relatar a abrangência do trabalho, mas deixe que sua ênfase seja sobre a abordagem mais positiva, mesmo quando se referir a fatos. Não há maneira de a escuridão transmutar escuridão. Quando você captar a atenção das pessoas, mostre-lhes o caminho por meio de energia construtiva, sabedoria e amor, o que as levará a se porem em ação. Isso cria uma magnífica ressonância, porque o poder da Luz interior e do amor as protegerá das vibrações negativas. É o poder do pensamento construtivo que compartilhamos aqui que constrói esses centros de Luz, bem no meio de escuras e baixas vibrações, e que nos permite desenvolver o desafiante trabalho de salvamento tão necessário."

Num instante de silêncio captei o profundo interesse dos outros que, embora aqui, não tinham sido expostos a esse tipo de desafio. A seguir me ocorreu um pensamento bem-definido, mas achei que não deveria tomar mais o tempo de John, esquecendo-me por um momento que, para ele, meus pensamentos eram claros como cristal. Erguendo meu olhar observei um vislumbre de humor quando John disse: "Expresse o seu desafio; é uma parte excelente da lição do dia!" Por isso, para o benefício dos outros, eu disse: "Aqui em Shadowland vocês têm o Raio de Luz Azul para protegê-los e ajudá-los no desenvolvimento desses novos centros, especialmente quando vocês saem para as pesadas vibrações que os cercam. Na Terra nós não temos esse apoio!"

John, respondendo ao meu desafio, explicou: "Da mesma forma que a dádiva protetora da Luz Azul é irradiada para Shadowland, há um irradiante poder angélico e espiritual que envolve a Terra com o calor do amor e a luz da sabedoria, sempre pronto a ajudá-los por meio da inspiração e intuição. Mas ele só funciona através de pessoas que abrem o caminho para as energias superiores. Esse poder está também inspirando grupos de pessoas na Terra que estejam receptivas, enviando idéias e Luz como um passe de mágica, a fim de auxiliá-los em seu trabalho na preparação para o futuro."

Lembrei-me nesse momento de quantas vezes eu havia tido esse tipo de auxílio na escrita deste livro, ou de uma energia que se manifestava quando eu falava com pessoas. John mostrou-nos então o contraste entre pessoas de baixas vibrações que repelem as vibrações superiores e as que abrem o caminho para a Luz. Ele disse: "Isso é tão aparente visto do Reino Azul que parece muito estranho que as pessoas da Terra não possam ver o que acontece e que afeta destrutivamente suas vidas."

Ele sugeriu um momento de recolhimento para análise interior a fim de refletirmos sobre a ajuda que está disponível e o grau de eficácia com que estamos abrindo o caminho para a orientação interior. Logo um jovem perguntou: "Você poderia falar sobre os sete estágios que disse que estamos escrevendo em nosso Livro da Vida?"

John usou novamente da analogia da semente que atrai para si tudo o que requer do solo: água, ar e o calor do sol. Ele relacionou os níveis de progresso humano com os da semente:

"No PRIMEIRO ESTÁGIO, a consciência delicadamente se expande dentro de si mesma por algum tempo, sentindo a sua segurança, contendo o seu poder, reservando os recursos, ansiosa por manter a identidade, mas ao mesmo tempo sentindo uma crescente pressão interna.

No SEGUNDO ESTÁGIO, como a semente que irrompe através de sua casca apertada numa onda de energia criativa, o pequeno broto está abrindo a sua saída e busca lá fora a segurança que lhe falta. Ao mesmo tempo, as raízes vão forçando sua penetração no solo, num relacionamento com o seu ambiente e sentindo a necessidade de se estender a outros."

John ficou em silêncio por um breve momento e então perguntou: "Vocês se lembram de terem experimentado essas energias em suas vidas?" Captei uma torrente de pensamentos e, naquele momento, eu me dei conta de que John, com o seu cuidado amoroso, apreendia muitas coisas daquela gente jovem que ele ajudava, embora nenhuma palavra fosse dita.

Após alguns instantes, ele continuou: "Conforme o TERCEIRO ESTÁGIO começa a se abrir, há uma impressão de crescimento maior, uma percepção daquela parte da consciência conhecida como Eu Básico que está trabalhando as forças vitais, os sistemas e os sentidos dos corpos em que as pessoas estão vivendo. Um Eu consciente começa a assumir a responsabilidade pelo treinamento dessa 'criança interior' com pensamentos e sentimentos positivos. Há uma vigorosa sensação de crescimento; a necessidade de aventura procura se expressar. Neste nível, a personalidade começa a despertar para uma grande realidade, com o coração e a mente se abrindo e se preparando para uma grande mudança — um SALTO QUÂNTICO. Tal como a planta em crescimento, irrompendo da terra para o ar e a luz solar, um mundo imensamente expandido se oferece para que nele se cresça de forma mais rápida e precisa.

"No grande salto para o QUARTO ESTÁGIO, o centro cardíaco se abre. Cada estágio ou nível de consciência, à medida que se eleva, é mais refinado, poderoso e radiante. O Espírito da Luz desce um estágio de cada vez para dar a quantidade certa de força vital ao corpo material. Aqueles que tiveram um bom preparo e fizeram progresso responsável nos estágios iniciais, sentem sua atenção atraída para cima em direção à consciência do Eu Superior, o próximo nível superior de consciência, e não mais ficam aprisionados nos centros inferiores. Como um raio de sol interior, a percepção e o amor se desenvolvem, e há uma inerente necessidade de prestar serviço amoroso, o que traz felicidade, compaixão e alegria de viver. Nesse estágio, os centros inferiores são controlados com naturalidade e usados com sabedoria: o primeiro centro traz segurança interior e o segundo, idéias criativas e energia, ao passo que o terceiro fornece resistência interna."

Pude ver que, da mesma forma que uma nova macieira cresce de uma pequena semente e explode no ar e na luz do sol, crescendo cada vez mais forte à medida que o poder de dentro da semente sobe na seiva, e eventualmente produzirá botões, flores e frutos — para o que foi criada —, nós também estamos apenas parcialmente desenvolvidos, mas enquanto crescemos e nos fortalecemos, descobrimos o nosso grande potencial, os níveis superiores dentro de nossa consciência, como a florada e a frutificação. No silêncio comecei a captar várias indagações na mente de alguns ao meu redor. Finalmente um deles perguntou: "Por que não conhecíamos essas importantes coisas sobre a vida quando estávamos na Terra?" Essa era a questão que tantos estavam tentando compreender.

John respondeu com outra questão: "E vocês queriam saber sobre isso nessa época? As múltiplas culturas têm respostas ocultas, esperando serem descobertas. Igualmente, a partir do nível de consciência de sua alma, vocês estavam sempre tentando enviar um sinal para aquela mente ocupada com o seu livre-arbítrio, mas raramente vocês usaram esse livre-arbítrio para abrir o caminho a fim de captar a luz interior da sabedoria, em momentos de quietude. Alguma vez vocês penetraram na profunda paz de um lugar silencioso ou de um cenário natural onde a sabedoria da natureza contém todas as respostas?"

Uma pergunta explodiu de vários participantes ao mesmo tempo: "COMO A NATUREZA PODE CONTER TODAS AS RESPOSTAS?" Havia tanto respeito como desafio na deliciosa interação entre esse mestre de sabedoria e aqueles jovens. Era uma área de segurança em que nada poderia ficar oculto.

John esclareceu: "Existem muitos caminhos pelos quais o 'livro da natureza' revela as respostas, as grandes verdades, segredos e modelos de vida." Chegado esse momento, projetou-se em nossa mente uma fascinante analogia que era tão clara e vívida, que dela pude me recordar posteriormente sem dificuldade.

Nossa atenção foi atraída para um ponto bem elevado acima de nós onde, a princípio, divisei uma bela e suave Luz. A seguir, dentro da Luz, vi uma neblina muito fina que começou a captar vibrações que a foram tornando mais visível. Gradativamente, a neblina, já mais densa, transformou-se em nuvens, caindo em forma de chuva e, conforme armazenou as vibrações mais pesadas da terra, ela se solidificou em gelo. À medida que o gelo se tornava mais denso e pesado, toda a atenção se voltou para ele, embora houvesse ar nebuloso no céu.

Depois do que pareceu um longo ciclo de tempo, um forte raio de sol surgiu e o gelo na superfície começou a derreter, proporcionando a liberdade volátil da água outra vez. Ao ser liberada de seu profundo e restritivo estágio de gelo, parte dela estava sendo novamente atraída para cima.

Bruscamente a cena mudou e percebi o mesmo modelo tomando lugar na vida e no progresso da humanidade. Nós éramos seres espirituais, sutis e invisíveis que se apresentavam voluntariamente para ser agraciados com o livre-arbítrio e descer gradualmente para estágios de vibrações mais densas. No profundo silêncio, rememorei o Grande Experimento, mas da maneira como John o estava apresentando, havia uma impressão mais profunda de realidade.

Através de toda a jornada, à medida que descíamos para o 'estágio água', ainda nos lembrávamos de quem éramos, mas, possuindo o livre-arbítrio, a maioria de nós fez mau uso da energia criativa para produzir algumas fúteis e tolas formas, em detrimento do progresso humano. Isso nos induziu ao 'estágio de gelo' ou corpo físico, mais denso do que fora originalmente planejado nesse experimento terreno, e nos esquecemos de quem éramos. Presos a muitos vícios e hábitos, limitamos o progresso a uma quase paralisação.

O Grande Espírito da Vida e o plano que viemos seguir se tornaram uma lenda. Em nosso modo de pensar nos separamos da realidade, embora o espírito vital individual continuasse a fluir através de nossos corpos.

John mostrou-nos dois dispositivos de proteção que tinham sido incorporados ao plano e que haviam sido considerados suficientes para o que quer que ocorresse. Oriundo do Reino Angélico, um Anjo da Guarda apresentou-se espontaneamente para acompanhar cada indivíduo até que a tarefa estivesse cumprida. Advindo do Reino Elemental, veio conosco um Ser que tinha completo conhecimento dos elementos que formaria, sustentaria e guiaria em cada estágio de desenvolvimento dos corpos físicos, nos quais todos iriam habitar.

Durante o estágio de vibração mais pesada, muitos se tornaram tão dependentes do uso do poder que provocaram um abismo de depravação e de maligna manipulação dos outros que haviam perdido seu rumo. Uma grave e imprevista crise tinha se desenvolvido. Finalmente, um alerta foi emitido pelos Guardiães aos que, no nível superior, tiveram de divisar um plano de resgate; do contrário, a maior parte da humanidade ficaria atolada nesse pântano.

Foi elaborado um plano engenhoso onde a cada indivíduo seria dada a oportunidade de redimir o seu mau emprego da energia criativa, através do regresso ao plano superior por períodos de revisão do que haviam criado. Ao mesmo tempo, teriam o ensejo de relembrar quem eram, recontatar a fonte de sua energia e enxergar claramente como haviam usado o livre-arbítrio e o poder criativo. Quando eles conseguem aceitar a realidade e a responsabilidade de suas ações, são ajudados a rever sua vida e a selecionar os elementos a ser saldados em sua encarnação seguinte. São também auxiliados a escolher os pais e as situações que melhor lhes servirão em seu progresso para atender sua necessidade e cumprir seu compromisso. Depois disso, cada um nasce novamente na Terra para colocar seu plano de cura e progresso em ação.

Neste instante houve um remoinho tipo estática em todas as mentes, à medida que uma miríade de questões vinha à tona. John sabiamente sugeriu um período de profundo silêncio para que todos pudéssemos elucidar nossos sentimentos e pensamentos. Após algum tempo, ele permitiu nossas perguntas. Uma jovem fez a pergunta que estava na mente de nós todos: "Se não nos lembramos quem somos e o que viemos fazer, como é que vamos encontrar o caminho?"

A resposta de John ajudou tanto a mim como a muitos outros. Ele disse: "Mas no plano da alma, você **conhece** o instrutor da personalidade. Quando, com coração e mente abertos, você se dá tempo para a silenciosa escuta interna, as respostas — o conhecimento interior que se manifesta através do coração — emergem com o sentimento do que é certo ou errado. Isso lhes está sendo mostrado bem claramente por meio de relacionamentos desafiantes e situações com as suas reações negativas, que os colocam face a face com o que vocês vieram redimir neste estágio de seu ciclo de vida. Todo o conhecimento e habilidades que vocês reuniram em suas vidas estão bem aí com vocês, esperando para se manifestarem."

Um outro perguntou: "E se nós não tivermos conhecimento do nível da alma e da escuta?" John replicou: "As almas descobrem um meio de trazer a verdade à sua atenção, desde que haja um mínimo de receptividade. Cada desafio, crise, situação e relacionamento é uma oportunidade para aprender a aceitar os outros e servir com amor, e ao fazer isso, vocês podem eliminar muitos dos elementos destrutivos em sua vida. Além disso, periodicamente, um grande mestre que tenha completado seu ciclo, espontaneamente se oferece para vir à Terra a fim de ajudar pessoas a despertarem para a verdade de seu ser. Não existe saída possível deste ciclo que se chama vida-e-morte. Ele continua para cada indivíduo pelo tempo que for necessário, até resgatar o mau uso acumulado da energia criativa. No processo de cura uma ampla variedade de experiência é armazenada."

Enquanto permanecíamos em silêncio por um instante, pensei que, de um certo modo, atravessamos um ciclo semelhante diariamente: renovados e instruídos através de sonhos a cada noite, e a seguir regressando recuperados ao novo dia para o próximo passo em nossa jornada. Desses jovens captei uma verdadeira gratidão pelo privilégio de estar nesse centro de Luz, além de um firme compromisso de ajudar outros a desenvolver centros onde muitos pudessem ser amparados. Após um momento, um rapaz disse: "Você indicou sete níveis, mas nos mostrou apenas quatro. E os outros?"

John explicou: "Com a sua confiança e cooperação, os centros superiores de consciência se abrirão mais facilmente a partir de dentro, permitindo que a memória que está contida dentro do átomo-semente desenvolva o próprio potencial.

"No QUINTO ESTÁGIO, tendo efetuado o salto para o contato com as belas qualidades guardadas pela alma, uma Luz interior gradativamente abre o caminho para a deliciosa inspiração, intuição e uma abundância de alegria, felicidade e segurança interna. A cura se torna mais fácil, mas imensa cautela é necessária nesse nível mais raro e sensível, que requer maior atenção e um compromisso mais forte para clarear e focalizar as energias."

Foi-nos mostrada uma interação extraordinária no plano da alma, com almas trabalhando juntas para inspirar as personalidades da terceira dimensão a se esforçarem e se ajudarem mutuamente, numa notável ação sincrônica. Pudemos ver que quanto mais elevado o nível da consciência, mais límpida e fácil se torna a vida. Através da cooperação com o fluxo de energia, disciplina interna e aceitação amorosa, uma maravilhosa liberdade dissolve grande parte da complexidade e limitações da personalidade. Aqueles que alcançam este ponto, olham para cima em direção aos níveis superiores do Espírito da Vida.

"O SEXTO ESTÁGIO nos traz a percepção consciente que se desenvolve gradativamente em sintonia com a orientação da alma." No silêncio, fomos envolvidos por uma linda Luz e uma maravilhosa sensação de paz. A voz de John continuava: "As qualidades de amor, Luz interior e sabedoria são uma expressão natural de vida que se desenvolve espontaneamente como as floradas da macieira.

"Quando sintonizado com o Espírito da Vida, o SÉTIMO ESTÁGIO proporciona a redenção final e a preparação para o próximo grande salto que, abrindo-se para um Reino Superior de radiante aventura, CONCLUI A ESCRITA DO LIVRO DA TERRA."

Pós-escrito

Por meses minha atenção nas horas de quietude esteve voltada para um novo processo de aprendizagem, muito distante dos pensamentos de Shadowland. E então, inesperadamente, três eventos em sucessão me desafiaram a descobrir o que estava acontecendo naquela dimensão.

Bem na véspera do Dia das Mães, enquanto eu classificava alguns papéis antigos, deparei com um cartão de congratulações por esse dia que o meu filho havia me enviado alguns anos atrás. Sua mensagem era clara: "Venha ver o maravilhoso progresso que estamos fazendo com essa gente jovem."

Na mesma noite, sonhei que caminhava por uma casa grande onde diversas pessoas preparavam essências para cura. Experimentei uma sensação incômoda por não estar trabalhando, mas apenas observando; porém, subitamente, minha atenção foi atraída para o terraço. Dirigi-me até lá e encontrei um homem velho e sereno, que irradiava uma suave Luz, e eu sabia que ele estava lendo meus pensamentos. Sentindo-me como uma criança que corre para os braços do pai em busca de consolo, fui tomada em seus braços, e vi todas as minhas preocupações se desvanecerem. Eu disse: "Eu poderia ficar aqui para sempre!" E ele respondeu: "Nós temos um trabalho importante a fazer, mas lembre-se de que estou sempre com você." Acordei convicta de que ele era o meu Anjo da Guarda que, naquele sonho de quarta dimensão, havia tomado uma forma pessoal para me encorajar a reentrar em Shadowland a fim de completar este livro.

Uns dias mais tarde, uma das minhas amigas especiais, com a qual eu almoçava e que tinha estado revisando o manuscrito deste livro, disse: "Nós achamos que este livro não está completo. Como leitores, sentimos vontade de saber o que está acontecendo em Shadowland agora."

* * *

Com esse desafio tão forte, no meu momento de quietude seguinte comecei a me concentrar no Raio de Luz Azul e em breve fui capaz de ascender na consciência do corpo sutil de minha alma. Como a vida a partir daquele nível de sonho parecia mais clara, sem as limitações físicas! Para minha alegria, Martreb apareceu e me conduziu à Capela de Jacarandá, onde Aura me aguardava. Não houve necessidade de manifestar meu pedido, pois já o conheciam e, através da interligação de almas, eles tinham estado tentando me contatar há dias. Um relato havia sido preparado para mim, incluindo algumas cenas transmitidas de Shadowland.

O progresso em geral era excelente. Um grande número de centros tinha sido desenvolvido no meio de extensas áreas de trevas. Os jovens, atraídos pela Luz, aprenderam a usar seus talentos com motivação interior e energia criativa, os resultados excedendo as expectativas originais. Por um momento o visor focalizou Hubert que, numa atitude corajosa, maravilhosamente sintonizado com o seu Anjo da Guarda e o propósito da sua alma, tinha se revelado um líder de grandeza e sabedoria, assistindo Ray na rápida instalação de centros.

Numa exibição em movimento acelerado, fiquei admirada enquanto acompanhava o progresso de dois anos de trabalho transmitido telescopicamente em apenas uma hora. Novos centros estavam sendo formados no que parecia ser um reação em cadeia. Um desafiante programa de treinamento abrira novas oportunidades para aqueles que tinham correspondido. Os que estavam mais adiantados tinham ajudado a criar novos centros, guiados e protegidos pela Almas do Reino Azul.

Fiquei sabendo que, com a exceção de Aura e da minha própria Alma que se encontrava limitada pelas ligações terrenas, todos os outros estavam trabalhando em Shadowland. Aura juntou-se a mim, dizendo: "Isso tem sido um trabalho muito importante porque conseguimos ajudar alguns dos adolescentes a ficar mais protegidos contra as vibrações escuras que tantos têm de enfrentar ao tentarem achar o caminho. Sentindo-se perdidos, eles ficam extremamente expostos a qualquer coisa que surja e muitos são arrastados para situações perigosas ou até mesmo para uma forma de escravidão. Aqui no Reino Azul, com a nossa visão mais ampla, somos o ponto de contato, sempre prontos a captar um impulso emitido pelas almas dos jovens que estão procurando ajuda. Repassando a mensagem às equipes de socorro, nós as guiamos com um ponto de Luz até aqueles que parecem suficientemente abertos para responder."

Imaginei que deveria ser muito desafiante para os seus Anjos da Guarda enxergar o perigo em que esses moços estavam e não interferir por causa de seu livre-arbítrio. Eu podia sentir a prontidão de ajuda, se a mais ínfima oportunidade fosse oferecida por esses jovens andarilhos. Depois me dei conta de que isso é igualmente verdadeiro, quer eles estejam na Terra quer em Shadowland.

Nesse ponto, a distância, foi-nos possível acompanhar uma parte do processo de resgate em ação. Dois jovens estavam sendo ajudados em sua patética condição de fraqueza e vulnerabilidade. Adivinhando seu temor e estranheza, pude constatar mais uma vez o quão desesperadamente a gente jovem de hoje precisa se segurar firme ao longo dos desafios da vida, não importando as dificuldades encontradas. Ao deixar seus corpos físicos antes da hora apropriada, eles perdem a liberdade e a capacidade de agir para progredir e completar a tarefa que vieram realizar na Terra.

Martreb explicou: "A interrupção em seu progresso é um grande empecilho para o seu futuro, pois eles enfrentam mais intensamente a situação da qual estavam tentando escapar. Se apenas adivinhassem a gravidade com que estão afetando seu progresso real e sua vida maior, eles não tomariam uma medida tão drástica. Tantas pessoas são ignorantes da preparação necessária para a vida, mas neste momento, a partir de um nível superior de consciência, o movimento de um novo despertar está se manifestando na Terra. Essa energia está à espera de ser descoberta no silêncio interior e de ser posta em prática com o poder do pensamento e sentimento construtivos. Isso tornará acessível uma abundância de tudo o que as pessoas precisarem na vida."

Aura, com seu imenso amor por aqueles jovens disse: "Desprovidos do significado da vida, o ato de suicídio os tornou extremamente vulneráveis, devido à perda do apoio de seus corpos materiais. **A maior ajuda que qualquer um pode dar, sempre que pensar em alguém que intencionalmente deixou o corpo físico de forma prematura, é irradiar o amor-que-cura e visualizá-lo na Luz do seu Anjo da Guarda.** Isso transmite uma energia essencialmente necessária, e um poder através da interligação de almas o conduz a lugares de Luz, onde serviços amorosos podem ser prestados." Lembrei-me como Lillis, com seu carinhoso e valioso amor, tinha inspirado Hubert e o havia ajudado a ficar protegido.

Ciente de que eu estava particularmente interessada nas atividades atuais daqueles que tinha conhecido nos estágios iniciais do trabalho, Martreb salientou o extraordinário desempenho de Ben. Ele havia criado um elo tão forte com John que era capaz de trabalhar diretamente com o Raio protetor da Luz Azul para conduzir e inspirar novos grupos, enquanto eles desenvolviam centros teatrais. Seu talento especial se baseava no conhecimento de como as forças mais escuras planejavam e trabalhavam, e sua absoluta confiança na ajuda advinda dos reinos superiores. Foi-me mostrado que o sucesso dos novos grupos dentro dos centros tinha sido devido principalmente ao trabalho sensível e prestativo de Mel que, com sua amorosa aceitação e nítidos limites, tinha criado um clima seguro dentro do qual cada um podia aprender. Ele também advertia sobre os perigos e a trama usada para tentar os neófitos no lado de fora de um centro a fim de controlá-los. Da mesma forma, o principal programa de treinamento e o processo sociodramático de aprendizagem continuaram a ser executados por Ray com a excelente ajuda de Hubert e de alguns outros que haviam desenvolvido um método de trabalho desafiante e inspirador.

"É sobre Jed com a sua poderosa rede de intrigas?", perguntei. Aura, cujas atribuições incluíam o monitoramento das atividades de Jed, respondeu: "Ele se afastou misteriosamente da área e parece ter perdido o interesse. Seus grupos têm se movido para áreas mais profundas e mais densas. Neste momento existe uma energia dentro do nosso sistema solar que está afetando as pessoas em todos os níveis."

Ray juntou-se a nós mais tarde com uma alegre saudação. Ele tinha vindo a este Reino para algum esclarecimento e uma visão geral. Aproximando-se do visor, deu explicações sobre certos pontos de Luz que estavam se formando.

"O que você acha que tem sido a nota-chave do esplêndido sucesso de seu trabalho em Shadowland?", perguntei. Sua resposta foi direta e espontânea: "Encorajar a energia criativa e o potencial em cada um que aguarda a oportunidade de se expressar; reconhecer o poder latente da alegria e do amor; e, é claro, a atenção total no trabalho a ser feito. Juntas, essas qualidades colocam em ação tanta energia superior quanto cada um esteja preparado a deixar fluir através de qualquer coisa que esteja fazendo. Muitas das lições essenciais são ensinadas através da criação e atuação em peças teatrais. Nós damos pouca atenção às limitações ou à negatividade, mas felizmente Ben e Mel estão em guarda e têm alertado os membros dos vários grupos contra os perigos, mantendo todos em segurança dentro dos centros."

Minha hora de quietude havia terminado e, quando o deixei, prometi voltar novamente para obter maiores informações.

Na manhã seguinte, um clima de aventura me atingiu quando Martreb me encontrou, dizendo: "Você tem assistido às imagens de Shadowland como assistiria aos noticiários na televisão". Respondi: "É muito mais amplo do que eu imaginava. O que tem me impressionado é a extensão e intensidade da Luz; igualmente a escuridão me parece ser muito mais densa." Ele explicou: "Pois isso é exatamente o que também está acontecendo em seu mundo tridimensional neste final de década, à medida que vocês se preparam para o terceiro milênio. Shadowland reflete verdadeiramente a luz e a treva na presente situação do mundo, onde milhões de pessoas respondem à Luz interior que faculta o caminho para a consciência superior. Os anjos também estão inspirando muitas idéias intuitivas, protegendo os que acreditam neles e curando-os com o seu imenso amor. Mesmo assim, inúmeras pessoas, ignorantes do impulso do despertar espiritual deste século, estão se voltando mais profundamente para interesses egoístas, guerras destrutivas, buscando o poder através do dinheiro e do crime, causando pântanos de miséria humana e levando pessoas à inanição.

"A interação entre as dimensões é muito maior do que o normal, refletindo as forças e as fraquezas em cada nível, mexendo com a vida de todo o mundo. É importante saber que esses testes são instrumentos desafiantes para ajudar as pessoas a crescer e a limpar suas vidas, trazendo-lhes liberdade, sabedoria, beleza e amor. Uma energia num plano subconsciente está forçando as pessoas, a partir de seu íntimo, a despertar e assumir o comando de suas vidas."

Num momento de silêncio ele me fez visualizar um livro* recentemente publicado, que nos revela os passos do despertar consciente

---

* *A Iniciação Espiritual*, de Zachary Lansdowne, Editora Pensamento, São Paulo, 1993.

tanto em nossa vida prática como em nosso trabalho interno. O suicídio, seja como uma tentativa de escapar da dor, da vergonha, da culpa ou da depressão, ou como uma tentativa de infligir a outros uma mensagem de culpa, vingança ou ciúme, geralmente falha em seu propósito.

Sentindo uma radiância, ergui meu olhar e vi Ray se aproximando, acompanhado de Aura. Dando-me boas-vindas com um abraço carinhoso, disse: "Viemos buscá-la para uma aventura." No instante seguinte já estávamos a caminho e, dentro do corpo sutil de minha alma, sentia-me segura com Martreb, Ray e Aura, enquanto nos deslocávamos sobre Shadowland. Eu tinha a impressão de estar voando de avião à noite, com as luzes de inúmeras pequenas e grandes cidades brilhando lá embaixo, no meio de vastas áreas de escuridão. Logo estávamos sobrevoando uma extensa área mais brilhante iluminada com delgadas linhas de Luz, interligando-a com centros menores. Eu estava imaginando o que seria essa área radiante, quando percebi que descíamos sobre ela. Imediatamente reconheci o Teatro Hubert original, o centro a partir do qual todas as outras Luzes nessa parte de Shadowland tinham se desenvolvido.

Pousamos no local para deparar com uma magnífica recepção por parte de todo o grupo de almas com as quais eu tinha trabalhado. Elas me cumprimentaram com uma vigorosa canção de boas-vindas e depois, num lindo anfiteatro, apresentaram uma peça teatral retratando o desenvolvimento de um centro típico com todos os desafios, testes, experimentos e diversão, entrelaçados com um rico humor que nos encantou. A seguir Ray nos levou a um recanto agradável do jardim, que havia sido preparado para me proporcionar uns momentos com cada um daqueles seres especiais que eu tinha conhecido. Ray e eu tivemos juntos alguns instantes — reminiscências da alegria e interesses que sempre partilhamos. Uma beleza de espírito, sutil demais para se colocar em palavras, mas eternamente preciosa que oferecia consolo e inspiração.

Aí então chegou Hubert — muito mais amadurecido e confiante do que quando eu o vira pela última vez. Ele partilhou seus pensamentos: "Quando criança, muitas vezes eu sonhava em ajudar muita gente, como se isso estivesse gravado profundamente em minha memória. Agora aquele sonho se tornou realidade. Tenho a certeza que você sabe o quão imenso é o nosso amor, respeito e júbilo por Ray e sua maravilhosa ajuda, nos encorajando e desafiando. Seu exemplo tem sido da maior importância em minha vida e na de todos nós. Estamos tão gratos a você, nossa querida amiga, por sua disposição em documentar o trabalho feito aqui de modo que muitos possam tomar conhecimento dele e ajudar com seus pensamentos solidários, orações e amor-que-cura. ESSA É A MAIS VITAL DAS MENSAGENS! Não fosse pelo amor e profundo carinho de Lillis, eu teria ficado perdido por muito tempo. Seu amor foi uma âncora para mim, abrindo o caminho para que o meu Anjo da Guarda ajudasse em meu resgate."

Em seguida, com seu jeito radiante, Mel se aproximou para dizer: "Tanta coisa aconteceu em nossas vidas desde a primeira vez que entramos neste centro! Seu estímulo durante aqueles tempos iniciais deu-me confiança e coragem para fazer grandes mudanças na vida. Toda a minha partilha do trabalho aqui agora sempre traz alegria e paz." Eu conseguia sentir muito além do que ele era capaz de colocar em palavras e captei a sua profunda apreciação quando mencionei sua esplêndida atuação junto aos jovens. Feliz, ele se permitiu um momento de emoção e depois foi-se, enquanto Ben se adiantava com seu jeito apressado escondendo uma leve timidez e dizendo: "Foi muito gentil de sua parte vir aqui hoje. Nós queríamos que você visse a rapidez com que a Luz tem se espalhado nesses novos centros e as centenas de jovens que têm sido auxiliados. Hoje me dou conta de como tudo o que passei naqueles anos iniciais me ajudou neste trabalho." Apresentou-me um mapa de Shadowland e, enquanto rememorava os estágios do progresso feito, pude avaliar a tremenda incumbência com que eles tinham se defrontado com tanta coragem. Na hora de partir ele disse: "Muito obrigado por levar isso ao conhecimento do mundo!"

Um grupo de jovens se apresentou em conjunto, representando os inúmeros outros que tinham sido resgatados nos meses iniciais. Reconheci alguns deles quando me agradeceram por tê-los ajudado em seu salvamento. Eles tinham passado por um treinamento intensivo como também pelo excitante trabalho de criar novos centros e socorrer outros jovens. Quando partiram, voltei-me para Aura e observei: "Como as mudanças e o progresso parecem ocorrer de maneira muito mais veloz neste nível! Sinto também que parece haver muito menos preocupação com relação às forças escuras. Teriam as vibrações mais pesadas se tornado um risco menor no trabalho aqui?" Aura respondeu: "À medida que a Luz e os nítidos limites nos centros vão se tornando mais fortes, todos se sentem mais seguros. Alguns, como o Jed, devem ter decidido que era uma perda de tempo lutar contra a Luz, especialmente porque descobriram uma grande e vulnerável área para suas atividades em países dilacerados pela guerra, invadidos pelas drogas e infiltrados pelo crime organizado. Ainda existem líderes menores com seus grupos procurando combater a Luz e tornando o trabalho de resgate um desafio real às vezes, mas como Ben diz, 'Ficou bem provado que a Luz é mais forte que as trevas!'"

Eu me indagava se algum trabalho tinha sido planejado pelo Grupo de Almas para fazer uma incursão nas áreas sombrias. Aura rapidamente elucidou a questão da minha mente: "Nossas energias estão totalmente canalizadas para atender às necessidades daqueles que estão pedindo ajuda e se voltando para a Luz."

Enquanto falávamos, acompanhado de um outro membro do Grupo de Almas, John, que também captara a minha pergunta, tinha se aproximado serenamente com um lembrete: "Existe um grande impulso, neutro em si, que está sendo irradiado com muita potência sobre a Terra, neste espaço de tempo entre esses dois vastos ciclos solares do Zodíaco. Com esta energia, todo o mundo está sentindo uma pressão interna e está sendo impelido a se movimentar cada vez mais rapidamente na direção que estiver indo. Embora isso seja especialmente verdade aqui, está também afetando as pessoas na Terra neste momento."

"John, há mais uma pergunta que as pessoas fazem: Acontece que essa gente jovem, vinda de origens e vidas tão diferentes, fica desassossegada, entediada ou ansiosa por mais excitação?" "Existe pouca oportunidade para um desvio aqui," John respondeu. "O desafio é tão grande que seus talentos, interesses e todas as suas habilidades encontram sempre uma expressão imediata. Aqueles que são mais audaciosos respondem com entusiasmo às operações de resgate e à abertura de novos centros. Todos estão em desafiantes programas de treinamento. Alguns que têm fé e força interior ajudam os recém-chegados em centros mais tranqüilos."

Minha atenção estivera tão voltada para John, que não tinha me dado conta da crescente luminosidade que foi aumentando até que ergui meu olhar e vi todo o Grupo de Almas do Reino Azul à nossa volta. John observou: "Esta é a primeira vez que todos nós viemos a Shadowland ao mesmo tempo." Houve uma rápida aparição da imagem do Mestre em seu Manto Azul e eu senti suas bênçãos de amor e sabedoria. Naquele momento me convenci da aventura, da liberdade interior e da vibrante realidade que nos aguarda à medida que transformamos nossas ilusões mentais e assumimos o compromisso de despertar conscientemente.

Senti-me elevada nas energias daquelas Almas radiantes. Seu amor e proteção ficaram mais profundamente gravados em meu coração e mente quando Martreb expressou a sua apreciação por minha disposição de representar o Grupo no plano terrestre. Com alegria e gratidão e com a certeza de que tudo ia bem, voltei em consciência para a minha morada terrena, inspirada pela confiança do Grupo de Almas e banhada nas energias superiores de seu amor.

NOSSA LIGAÇÃO COM AS ENERGIAS SUPERIORES

Sara Marriott

Poucas vezes a humanidade tem recebido tanta ajuda vinda das energias superiores como neste século, quando um grande poder universal está sendo revelado. Sara Marriott começou a ter consciência disso através da visão de um magnificente Ser de Luz, precedida por seis meses de meditação e seguida por uma série de sonhos. Desde então, partindo de muitas fontes, ela descobriu, sentiu e viu as provas convincentes desse acontecimento que está possibilitando um salto quântico especial na experiência evolutiva do homem. Esse novo e poderoso impulso que atinge a Terra transporta cada um de nós, dia a dia, primeiro imperceptível e depois mais rapidamente, na direção que estamos dando em nossas vidas.

Com a luz desse amanhecer, muitos despertam para o grande impulso cósmico no corpo etérico do planeta, enquanto o Guia Radiante da Humanidade aproxima de nós o Espírito da Vida, ajudando-nos a dar o grande passo à frente. Ninguém está excluído da maravilhosa oportunidade oferecida nesta aventura, mas muitos não estão de todo conscientes da escolha que têm diante de si. Felizmente, aqueles que começam a reconhecer e a reagir com clareza às energias universais que estão fluindo podem ajudar os que procuram compreender o esplêndido potencial que se nos abre neste século.

Sara Marriott — de quem a Editora Pensamento já publicou *Uma jornada interior* e *Ritmos da vida* — afirma, na Introdução deste livro: "Partilho um pouco da minha própria experiência neste livro, esperando que seja uma inspiração para aqueles que sentem um impulso profundo de busca da realidade que traz completa alegria de viver e de servir com maior liberdade e luz espiritual. Que ele lhe possa dar, leitor, a coragem para se adiantar mais confiantemente em sua própria jornada interior, nunca olhando para trás, à medida que sintoniza com os níveis superiores da consciência e com as energias que estão disponíveis para todos nós."

EDITORA PENSAMENTO

UMA JORNADA INTERIOR

(From the Center)

Sara Marriott

Algumas pessoas se mostram ansiosas por assumir riscos, desejosas de se tornarem pioneiras em áreas desconhecidas à nossa consciência. Outras mostram-se interessadas em assistir a aventuras, como pela televisão, permanecendo no conforto da rotina, que lhes torna a vida mais segura. Desde muito cedo em minha vida tenho sido uma pioneira que se aventurou a responder aos impulsos da essência da beleza e a seguir por um túnel longo e escuro, rumo à distante centelha de luz no centro de minha consciência.

Neste livro compartilho, com aqueles que se interessarem, uma pequena parte dessa aventura. Muitos têm caminhado comigo em espírito durante grande parte dessa experiência de meditação e alguns podem lembrar-se disso e sentir-se familiarizados com o seu próprio "Centro".

....

Do centro do meu Ser, do centro do Templo da Totalidade na minha meditação, do centro de Findhorn, onde no correr dos anos tanto se aprendeu, partilho essas centelhas da aventura interior.

Possam aqueles que lerem este livro sentir-se auxiliados na descoberta e no fortalecimento da amável e crescente percepção da vida na sua totalidade.

Sara Marriott aprendeu a ouvir e a seguir aquela "*essência da beleza que freqüentemente se expressa sob formas desconhecidas de nossa mente ativa*". Para ela, o resultado muitas vezes foi maravilhoso, outras vezes, assustador, mas sempre levou a uma profunda compreensão de seu objetivo e de seu sentido. Sua história é inspiradora e deve ser recebida como um testemunho do poder e da divindade que existe dentro de cada um de nós.

A INICIAÇÃO ESPIRITUAL
De Acordo com os Princípios Estabelecidos
por Alice A. Bailey

Zachary F. Lansdowne

Zachary F. Lansdowne, conhecido autor de livros sobre Sabedoria Eterna, revela neste seu novo trabalho o significado esotérico de catorze normas ou regras simbólicas originalmente publicadas por Alice A. Bailey.

Aqui o autor mostra que os símbolos de cada uma dessas normas têm dois significados, um exterior e outro interior. O significado exterior tem um objetivo, que é a edificação do caráter, enquanto o significado interior se refere à necessidade da meditação, que o aspirante à iniciação deve estudar e praticar. Assim, cada norma oferece instruções para as duas fases da vida do aspirante: a vida exterior, da prática, e a vida interior, da concentração.

Lansdowne também discorre sobre o relacionamento íntimo que existe entre as normas estabelecidas por Alice Bailey e a tipologia dos sete raios. O resultado final é um manual de fácil entendimento que esclarece as várias etapas do caminho espiritual.

* * *

Zachary F. Lansdowne é mestre em Engenharia pelo Massachusetts Institute of Technology (MIT), mestre em Filosofia e Religião pelo California Institute of Integral Studies, mestre em Psicologia Clínica pela Antioch University e doutor em Engenharia pela Stanford University.

Durante muitos anos, dedicou-se à cura espiritual como conselheiro da Fundação da Luz, na Califórnia. Recentemente, mudou-se para Massachusetts onde, além de analista de programas sociais, continua ativo no seu trabalho de aconselhamento e de cura.

EDITORA PENSAMENTO

A BUSCA

Paul Brunton

Este livro da série THE NOTEBOOKS OF PAUL BRUNTO traz indicações oportunas, imparciais e de utilidade imediata sobre promessas e armadilhas da busca espiritual. Esboçando de maneira cri tiva e única os *insights* filosóficos tanto do Oriente quanto do Ocide te, ele mostra com clareza e simplicidade como as dificuldades e exp riências diárias da vida moderna podem ser transformadas, com êxit em passos significativos na eterna procura do autoconhecimento.

A BUSCA é um livro de inestimável valor também por conciliar necessidade de liberdade interna absoluta com a importância da instr ção competente. Apresenta, agora detalhada e amplamente, os assu tos abordados em anotações diárias, que de maneira sucinta e bre foram trazidas ao público na obra IDÉIAS EM PERSPECTIVA, já p blicada por esta Editora.

Nestes momentos de imensa crise de valores éticos e profund que se espalha pelo mundo, momentos em que caminhos de harmonia paz se fazem prementes, estão aqui ofertados poderosos impulsos pa a renovação espiritual do leitor, vislumbres da sabedoria universal q o aproximam de sua realidade íntima e divina.

EDITORA PENSAMENTO

O DESENVOLVIMENTO DA CONSCIÊNCIA

Angela Maria La Sala Batà

Em estilo didático, a Autora apresenta um estudo da natureza e do desenvolvimento natural da consciência, desde o seu estágio inicial, instintivo, até sua eclosão final no estado de consciência cósmica.

Oferece, ainda, um método para se fazer o estudo analítico da consciência, de sorte a desembaraçá-la de seus impedimentos, reais ou ilusórios, fazendo com que cada um assuma o controle inteligente de seu próprio desenvolvimento e libertação.

Para tanto, a Autora acrescenta a cada capítulo um questionário, que ajudará o leitor a recapitular os pontos essenciais, a fazer a sua própria análise e a aplicar os seus próprios recursos internos para fortalecer, aprimorar e sublimar os seus poderes latentes, antes tão adormecidos e estáticos.

Um livro endereçado a todos os que acreditam que o homem "é um ser capaz de aperfeiçoar-se, de progredir, de realizar-se em toda a sua plenitude".

EDITORA PENSAMENTO

JORNADA RUMO À CONSCIÊNCIA

Os Chakras, o Tantra e a Psicologia Junguiana

Charles Breaux

Tanto na psicologia tântrica como na junguiana, as práticas espirituais e os métodos terapêuticos estão vitalmente associados a uma participação consciente na vida ordinária. Ambas as psicologias valorizam as etapas da transformação alquímica da consciência humana. O tantra simboliza a nossa metamorfose num sistema de chakras que se abrem à medida que despertamos progressivamente para as várias dimensões da psique. Da perspectiva junguiana, os temas universais presentes nas inumeráveis histórias de heróis e de heroínas, de deuses e deusas, evidentes no mundo todo, são dramatizações dos estágios de desenvolvimento do nosso crescimento na direção da consciência.

Neste livro, Charles Breaux, um terapeuta junguiano, ajuda a assentar os alicerces para uma compreensão psicológica prática dos chakras. Para chegar a este objetivo, ele desenvolveu o conceito histórico e filosófico do Tantra, o solo natal do sistema dos chakras, e demonstra o quanto o Tantra e a psicologia junguiana se completam.

O tema principal de *Jornada Rumo à Consciência* é a relação do Tantra com o nosso mundo interior e com a vida em geral. O Tantra compreende que as forças vitais do cosmos não são diferentes das do corpo e da mente. Seu interesse maior é a total aceitação de ambas e a transformação da nossa consciência daí resultante.

EDITORA PENSAMENTO

O DESPERTAR DA CONSCIÊNCIA MÍSTICA

Joel S. Goldsmith

Com freqüência, comenta o leitor que descobre os trabalhos de Joel Goldsmith: "Não é como ler um livro, mas como se o Autor estivesse ao nosso lado conversando conosco". No entanto, Goldsmith sempre esteve ao nosso lado, demasiadamente ocupado. Consumiu seu tempo atendendo aos chamados de cura que vinham à noite ou durante o dia, do mundo todo, e ensinando às pessoas que queriam aprender mais sobre a cura e o modo de alcançar a consciência mística. Em 1946, o Autor passou por uma iniciação nos mistérios ocultos da vida — profunda experiência espiritual que o elevou, do reino metafísico, à união mística da unidade consciente com a Fonte da vida. Com essa experiência veio a necessidade de ensinar àqueles que vinham até ele. Daí por diante, Goldsmith foi fortalecido pelo Espírito, que o instruía e conduzia ao trabalho de cada dia —, trabalho que incluiu o atendimento de grande volume de correspondência daqueles que descobriram a sua mensagem e que o procuravam. A mensagem desse Autor é sempre nova e pura; ela saiu diretamente da consciência e foi libertada de maneira natural, simples, direta e poderosa, com a autoridade de quem demonstrou por suas ações a verdade da mensagem que ensinava.

Joel Goldsmith achava-se qualificado para falar e escrever sobre a consciência mística. Seu conhecimento intelectual não resultou de leituras de filosofia especulativa sobre o significado da vida, mas unica e exclusivamente da experiência. Ele foi capaz de revestir sua mensagem de tal simplicidade que só poderia ter advindo da consciência perceptiva da unidade que não admite a dualidade. Para ele, a vida mística significava viver *no mundo,* mas não pertencer a ele, participar de muitas atividades da vida normal reservando-se, todavia, uma área da consciência para descobrir, para além dos limites do mundo objetivo, a realidade espiritual oculta. Ele viu, além do visível, a Origem invisível de toda vida e energia.

EDITORA PENSAMENTO

Outras obras da autora:

NOSSA LIGAÇÃO COM AS ENERGIAS SUPERIORES

RITMOS DA VIDA

UMA JORNADA INTERIOR

Obras de Paul Brunton:

A SABEDORIA DO EU SUPERIOR

A REALIDADE INTERNA

A BUSCA DO EU SUPERIOR

O CAMINHO SECRETO

IDÉIAS EM PERSPECTIVA

IDÉIAS EM PERSPECTIVA – Vol. 2 – A Busca

Outras obras de interesse:

O DESENVOLVIMENTO DA CONSCIÊNCIA
Angela Maria La Sala Batà

O ESPAÇO INTERIOR DO HOMEM
Angela Maria La Sala Batà

À PROCURA DA VERDADE
Angela Maria La Sala Batà

TRANSMISSÕES DA ESTRELA-SEMENTE
Ken Carey

A ENERGIA DOS RAIOS EM NOSSA VIDA
Trigueirinho

O NASCIMENTO DA HUMANIDADE FUTURA
Trigueirinho

O MISTÉRIO DA CRUZ NA ATUAL TRANSIÇÃO PLANETÁRIA
Trigueirinho

SABEDORIA INTERNA
Helena P. Blavatsky

SÍNTESE DA DOUTRINA SECRETA
Helena P. Blavatsky

JORNADA RUMO À CONSCIÊNCIA
Charles Breaux

O DESPERTAR DA CONSCIÊNCIA MÍSTICA
Joel S. Goldsmith

CONTATOS COM O ESPIRITUAL
David Spangler